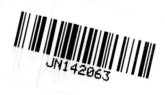

物語から見る
民事信託

民事信託の有効活用法を
欧米の判例や多数の専門書を
精読して研究した著者が
7つのストーリーを通じて
簡潔に説明!!

宮地 忠継

プラチナ出版

推薦のことば

この度、宮地忠継さんが「物語から見る民事信託」という本書を上梓されることになり、拝読する機会を得ました。

宮地さんは、大手都市銀行ではレバレッジドリースを開発し、先進的な事業に取り組まれました。さらに不動産業で経験を積み重ねられ、それらの体験を活かし現在「全国貸地貸家協会新聞」を発行されています。

この新聞では、多くの不動産・建築・税務の専門家と対談を行い、それらの分野で今起こっている諸問題について解決策や処方箋を提言してきました。

本書は、これらのテーマの中でも「民事信託」の仕組みを知ることが極めて重要であることを説いたものです。

平成の世の中が終わり、令和の時代になり、元号が変わったことは、日本社会全体のあり方が大きく変わる何かのサインではないでしょうか。

特に民法の大改正が行われつつあります。

配偶者居住権制度が創設され、自筆証書遺言が全文自筆から一部はパソコン文字でも可能になり、「遺留分減殺請求」という言葉が「遺留分侵害額請求」になるなど、現に変化が起きているのです。

これは国の方針として、相続争いを未然に防ぎたいとの思いがあることは明白です。

とはいえ、相続において様々な紛争が起きているのが現実です。日本人全体の高齢化と多死化がこれに一層拍車をかける可能性は否定できません。

このような時代背景の元で、家族間の紛争を抑えるための制度として脚光を浴びているのが「民事信託」と言われるものです。

本書は、広く一般の人々を対象としたものですが、法務・税務・不動産・建築のプロの方々にも面白くお読みいただける内容になっています。家族間で起こりうる、また、市井の私人間で起こりうる様々な法律問題や経済問題に対し事前に対処することの大切さを、一般家庭を舞台とし、想定しうる様々なパターンを物語風に書き起こし、それらを通して、民事信託をわかりやすく、イメージできるように配慮され、作られています。

この本を一読されて、自身の家族や立場に置き換えて何が問題なのかを認識していただければ幸いです。

２０１９年７月吉日

株式会社東京アプレイザル会長

不動産鑑定士　芳賀則人

はじめに

皆さんこんにちは。

民事信託というのは財産を信頼できる別な人に渡して、その渡された人が元の渡した人の指定する人の為にその財産を運用することです。

こう書くと簡単ですが、実はそこには色々なヴァリエーションがあり得ます。そしてこれは、従来からある委任や不動産のサブリースとは根底において違います。そこで他に沢山出ている解説書では、全部を説明しようとして、民事信託の制度のしくみや用語から説き起こしていきます。そして読んだ人は多くの人が分からないと言います。私はこれを物語にして説明しようと考えました。

改正信託法が制定されて、10年と少しです。

これは、従来の信託法がもっぱら大手信託銀行、大手信託会社で使われていたのに対し、今度は信託を頼む人が、むしろ自分の親族、友人、信頼できる専門家に頼むことができるようになったということであり、画期的な進展です。

私は、新法案成立のときに、ある専門家を中心とした研究会に参加しました。その後、時を置いて私が編集長を務める新聞において民事信託（家族信託）の取材をしました。その後いくつかの研究会に参加しながら、一方で信託先進国であるイギリス、アメリカを中心とする海外の判例を調べてきました。自分でも民事信託を行いました。具体的取引にもかかわっています。

そして、『信託法セミナー』（有斐閣）に出会い、この全4巻の大部を何度も読み直しました。元または現の東大教授の方たちおよび超専門家の方々による法律分析は誠に迫力があり、一方で法案作成の際の、一つ一つの条文ごとの意見の対立を教えてくれました。これらを研究しながら、そしてその圧倒的な重力に押しつぶされながら、私はこういうことは、むしろ簡単な小説の形式を借りて世間で起こっていることとして捉え、その中で法律を説明すれば良いのではと考えました。

民事信託に関しては現在まだ実例も少なく、ましてや信託が進行した先の出来事とその問題点は今後の課題となっています。それらについては大いに想像力を働かし、一方では識者の意見を動員して対応せざるを得ない状況です。

しかしながら同時に、民事信託には、社会で起こるいろいろなことに対して、従来と違った形で対応できる「力」が秘められており、それらの検討も必要なことです。

今回は、最初の民事信託が作られる背景、そしてそれらが実行されたあと起こる出来事、これらについて少ない例ですが簡略にまとめました。イメージを掴んでいただければ結構なので、これらが少しでも読者のお役に立てば、著者としてこれにまさる喜びはありません。

（各話の終わりにその話に係る信託法の条文を引用しました。条文は長いものが多いので、原則として要約してあります。ただし、条文が短いものは、そのまま引用しました。）

装丁　二ノ宮 匡（ニクスインク）

第1話

友の娘たち

——学費支援の信託——

①

それは、秋も少し深まったころの突然の電話だった。

「あなた、岩井さんの奥さんより電話よ」

2階に寝ていた秋元郁夫は、下で少し遅めの朝食を作っていた妻が駆け上がってきて、起された。

岩井夫人の声は緊張していた。

「義雄が昨日亡くなりました」

郁夫は一瞬声も出なかった。

「そんな、バカな！」という気持ちと同時に、目の前の壁が崩れ落ちてきそうな気持になった。

秋元郁夫は、元大手の商社員だった。

背はやや高く、浅黒い顔に、簡単には人に参ったとは言わないぞというような強気の雰囲気が出ていた。

大学を出て海外関係の資産を管理する部所に配置された。郁夫の父親も大手の機械メーカーの会社員だった。

②

郁夫は、小さいときから、あまり不自由しない生活を送ってきた。

そういう訳であまり小さなことにこだわらない人間になってきたのだが、その一方で会社での普通の出世よりは、どこかで自分の事業を作って、やろうと思っていた。

そういう目で財務を見ていたのだが、あるとき、海外の外貨建て資産を組み合わせて、会社に大きな節税をする手法を思い付いた。

外貨建て資産に、その表面的な価値とは別に大きな評価損がありうるということを論証すればよいのだが、それにはコンピューターの計算プログラムが必要だった。

隣の財務の事務部所に岩井義雄がいた。

義雄は中ぐらいの背丈で、色白の丸い顔をしていた。人の話をよく聞きそうな落ち着いた雰囲気を持っていた。

義雄は技術系の専門学校を出て入ってきたのだが、プログラムに強く、自分自身で自分の研究の為のソフトも作っていた。

郁夫は勿論義雄のことは知っていたが、何か真面目そうな奴というような印象を持っていただけだった。

しかし、ソフトが必要になり義雄に話しかけた。

「俺は、今回画期的な外貨建て資産の計算方法を思い付いた。
計算方法は全部考え付いたのだけど、コンピューターのソフトが必要だ。
あんたが作ってくれないか」

義雄はこのとき、少しでも新しいことをやりたかったので、すぐ了承した。

郁夫が38歳、義雄は35歳だった。

「このソフトを俺は自分のソフトにしたい。だから、会社が終わった後二人で作りたい」と郁夫は意図を言った。

義雄は、呑み込みが早く、すぐにソフトを作った。

しかし、こういうものは色々なケースを想定して計算しなくてはならず、その都度実験が必要だった。

二人は会社の就業時間が終わった後、大部屋の隅の一角で、やや隠れるようにしてソフトの実験をした。


この頃は、普通の会社員は、まだソフトを作ることになど興味を持っていなかった。

郁夫の同期の連中は、二人が何かやっているということで、そのことには興味を持っていたが、どうせパソコンのいじり方を研究しているぐらいだと思っていた。

「お前たち、何やっているんだよ！」などと言いながら、いつも前を通り過ぎて帰って行った。

会社に入った以上は、上司に気に入られ、また大学の先輩に引っ張ってもらおうと、そういうことで頭が一杯で、小さなパソコンに向かって何かをしているなどということは、問題にもならないことだった。

郁夫は、いつも義雄と昼飯を食いに行ったし、また、夜も二人で酒を飲んだ。

ソフトができ上がった。

財務部の上司に見せたら、その驚き様ったらなかった。

そういう訳で、郁夫は、このソフトを使って会社に多大な貢献をしたのだけれども、このことの効果は、義雄の方にもっと大きくあった。

会社の人々が、義雄が自由にソフトを作れる、またそれが大きな効果をもたらすということを知ったのだった。

義雄の所に色々な部所からソフト作成の依頼が来た。義雄はそれをこなし、社内でも有名になっていった。

3

義雄は、その後子会社のソフト専門会社の重責を与えられ、そこでも成功し、やがて独立した。

色々な共通ソフトを作って、地方公共団体の機械化に寄与しようというもので、注文が多く成功だった。

最初、郁夫は、自分のソフトを使って、会社で大きな顔をしていたのだが、だんだん、その賞味期限が切れてきた。そういう訳で、ついに郁夫は、意を決し、当初の方針どおり独立することにした。

郁夫は、面白そうなことには何にでも興味を示すタイプで、この頃は不動産の花盛りで、不動産は面白そうだと思っていた。

1年ほど勉強して宅建（宅地建物取引士資格）も取った。

中野の駅の南口に事務所を借り、開業した。妻は開業に反対だったが、何とかなると説き伏せて押し切った。


しかし、現実は甘くはなかった。

地元で長くやっていない不動産業者に頼みに来る人などいない。

「参ったな」と思っているとき、義雄から連絡があった。

今度義雄の会社で小さな事務所が必要になったので探してほしいということだった。日本橋の近辺ということで、郁夫はデータを集め、義雄と落ち合って、いくつか見せた。

喫茶店に行こうと義雄が言った。

席に座ると義雄が言った。

「秋元さん、変なことを聞くんだけれども、ひょっとして俺が最初のお客じゃないのか」

「うーん、どうして分かる」

「だって、全然何も知らないじゃないか。分かるよ」

義雄は、事務所を借りてくれた。

義雄は、この後、更に事業を大きくしていったのだけれども、その間、会社が事務所を借りるときは、いつも郁夫に頼んできた。

4

郁夫は、こういうことをベースにして、少しずつ不動産業に入って行った。

義雄の会社は、従業員も30人ほどになった。

あるとき、義雄は、久田という社員を雇った。

プログラムの専門家だという。

一緒に会ってくれと義雄に言われて、郁夫は久田に会った。

郁夫は、久田を好きになれなかった。

どうも言うことに重みがないと思った。

義雄は、システムには強いが、人間は細かく分析しなかった。

「あいつは危ないよ。重要な仕事はさせない方がいいよ」

と郁夫は言おうと思ったが、結局言えなかった。

義雄が東北で大きな公共団体の仕事を取ってきた。

これを久田に任せた。久田はできるふりをしてごまかしていたのだが、結局できなかった。

大きな損害賠償がきた。このことが原因で、結局義雄の会社は、倒産に追い込まれた。

郁夫はこのいきさつは勿論知っていたのだが、どうこうできることでもなかった。

しかし、久田の問題点を、何故早く義雄に指摘しなかったのかという自責の念があった。

そこに、今日の電話があった。自殺だという。

葬式の後、郁夫は大田区にある義雄のマンションを訪ねた。

奥さんも元の商社の社員で、郁夫は良く知っていた。

「残念です」

奥さんは、涙をこらえていた。

「今後どうするのですか」

「働きます。でも、咲子と香奈はまだ高校生と中学生です。咲子は今進学コースで勉強頑張っているんですけど、大学には入れてやれないと思う」

そういうと、奥さんの目に涙が一筋流れた。

5

帰り道、郁夫は考えた。

「何とかしてやれないかな」

この頃までに、郁夫は、ある程度不動産業のコツは掴んできていた。

銀行の借金はあるが、数百万円ぐらいなら自分で動かせた。

この金を使って、義雄の二人の娘を大学に行かせてやろうと思った。

しかしどうしたら良いのだろうか。

お金を奥さんに渡す手はあるが、その場合は、多分生活費に消えていって、大学の学費にはならないのではないか。子供たちに渡す手もあるが、その場合も同じだろう。

自分で一定の金を定期預金にでもして、持って行くこともできるが、その場合は、事業に使ってしまう可能性が高いし、また、事業が追い詰められたら債権者に取られてしまうだろう。


どうしたら良いのだろうと、郁夫は、傍の司法書士の北村に相談した。北村は物知りだ。

郁夫は、不動産取引の売買のときなど、登記事務は、結構北村にやってもらっていた。郁夫とは阿吽の呼吸の中である。

北村が「それは信託を使えば」と言った。

しかし、北村もまだ民事信託というものは良く知らなかった。

ネットを見て、本を手繰り、一生懸命に考えてくれた。

郁夫にも大体のところは分かってきた。

要するに、誰か別の人に頼んで、一定の金を渡し、その人が金を大切に保管して、二人の娘の大学進学のときに学費として渡してくれればよいのだ。

郁夫が金を渡してしまえば、その金はもう郁夫のものではないので、たとえ郁夫が倒産してもその金は守られる。大体こういうことのようだ。これを誰かと契約すればよいのだ。

目途は立った。

しかし、肝心のことを決めなければならない。

金を渡す人間を誰にするのかということだ。

誰に頼むべきか。また、相手が受けてくれるかどうかも分からない。

信託銀行や、信託会社に頼むという手もありそうだが、どうも数百万円で受けてくれるかどうか。

それに、実際に学費がいるのもそんなに遠い先のことではないし、郁夫としては、やはり気心の知れた人間に頼みたかった。

郁夫はそんなに人脈は多い方ではないが、それでも商売をしてきている以上一定の知り合いはいる。

誰にしようかと郁夫は悩んだ。

独立以来付き合ってきている、リフォーム屋の坂本が一人の候補だ。

弟の忠夫も候補の一人だ。

同業者の平川も頼めばやってくれるかもしれない。

誰がいいだろう。

この民事信託というものは、財産を他人に渡して、物を頼むことだから、この渡す相手は、決定的に重要である。ここで変な人間に渡したならば、必ず問題が起こるだろう。

郁夫は一生懸命に考えた。

まず、こんなことは弟に頼むようなことではないと思った。

平川も受けるかもしれないが、本人がよく分からないことなので、本当は前向きではないだろう。

結局、理解させて、コントロールもできる人間として坂本を選んだ。

坂本は、郁夫の独立以来リフォームのときは、坂本に頼んでいて、また馬が合った。人から頼まれたことはきちんとやり、少なくても他人の財産に手を付けるような男ではない。

郁夫はいきさつを話して、坂本に頼んだ。嬉しいことに坂本は受けてくれた。

まずこのことを義雄の奥さんに説明しなければならない。

マンションに行って奥さんに話した。

奥さんは「そんなことで秋元さんに迷惑をかけるわけにはいかない」と言った。

郁夫は「これは迷惑などではない。自分はどうしてもやらしてほしいのだ」と言った。

奥さんは、結局了解した。

「有難うございます。主人も感謝していると思います」と言った。

⑥

いよいよ、信託の契約書（第1話末尾参照）を作らねばならない。

こういう場合、これを頼む郁夫を委託者という。

受ける人、つまり坂本を受託者という。

金をもらう人、つまり、義雄の二人の娘たちを受益者という。（信託法第3条）

贈与税の関係があるので、最初は郁夫が受益者になっていて（贈与税が起きない）、金はもらわずにいる。

坂本が金を渡す必要があるときに郁夫が娘たちを受益者に指定すればよいのだ。（受益者指定権　信託法89条）

条件は、それぞれが大学に入学したときに、入学金と授業料を渡すということだ。年間一人につき110万円を超えると贈与税が発生するが、それは差額についてだから、そんなに大きな金額にならない。その分も上乗せして渡せばよいのだ。金を渡していって、信託の財産がなくなったときは、それで終わり、また、二人が卒業したときに金が余った場合は、それは郁夫に戻ることにする。

どうやらできそうな気配になってきた。

郁夫は、契約書を北村に作らせ、５００万円を坂本に渡した。

こういう場合、この金は、坂本が普段使っている銀行口座と分けて、できれば別の銀行にして坂本名義の口座を作ることが原則である。

坂本への報酬を決めて、あとは咲子の大学受験の成功を待てばよいのだが、ここで思いがけないことが起こってきた。

郁夫の問題だ。

郁夫は、不動産業者なので、色々な人と取引をしている。

金融機関からは不動産担保で金を借りるが、時に無担保のときもある。また、工事代金の支払いや、ＩＴ関連の支払いもある。不動産を仕入れるときに、手付けを同業者から借りることもある。

これらの人々は、郁夫の債権者である。債権者は、いつも郁夫の状況を見ている。万が一にも、自分の債権が回収できなければ困るからだ。

そういう訳で、これらの人々にとっては、郁夫が民事信託をすることは、ありがたい話ではない。できればやめてほしい。

民事信託を作るときは、この辺がなかなかに微妙なことになります。

信託法では、これらの債権者の権利も守ろうとして、郁夫がこれらの人の利益を無視して財産を移して信託を作った場合、その信託を取り消すことができると

定めています。これを、詐害信託取消権と言います。（信託法11条）
　債権者たちは、本心は郁夫が商売上手とも思っていないし、またいつどうなるか分からないと思っているので、彼の５００万円は大金です。

　早速どこかから聞きつけた債権者が事務所にやってきた。

　郁夫は、ことのいきさつを話し、現在の債務は、必ず返せると説明した。

　また、義雄との助け合いの人生を説明した。

　債権者がこの信託の成立を取り消すためには、受託者である坂本を訴えて、取り消さねばならない。

　そして取り消された金は、いったん郁夫に戻る。

　期限が来て返済が滞っている債権なら強制執行ができるが、きちんと返している分にはそれはできない。

　この段階で一気にやるには荷が重いと債権者は、思った。

「しょうがない。秋元さん頑張ってくれよ」

債権者は、そう言った。

信託法3条　特定の者との間で、その特定の者に対し財産の譲渡、担保権の設定その他の財産の処分をする旨並びにその特定の者が一定の目的に従い財産の管理又は処分及びその他の当該目的の達成のために必要な行為をすべき旨の契約（信託契約）を締結する方法で信託はなされる。

信託法89条　受益者を指定し、又はこれを変更する権利を有する者の定めのある信託においては、この受益者指定権は受託者に対する意思表示によってこれを行使する。

信託法11条　委託者がその債権者を害することを知って、信託を設定した場合は、債権者はその信託の取り消しを受託者に請求できる。この場合、受益者が債権者を害することを知らなかった場合は取り消すことはできない。

コメント

これで第1話は終了です。読者の皆様お分かりになったでしょうか。筆者は一部の方はどうもよく分からないと思っているのではないかと思います。

そこはどこなのだろうか。前半の郁夫が義雄と一緒に行動して、郁夫が義雄に義理を感じているところはお分かりいただけたかと思います。問題はその後でしょう。郁夫が坂本に金を渡して、一体これが何なのかと言う所だと思います。

実は、ここのところが民事信託のエッセンス、一番重要なところです。

民事信託というのは郁夫（委託者）が坂本（受託者）に財産を渡し、何かを頼むことです。この場合、財産の所有権は坂本に行ってしまいますが、完全に行ってしまったわけではありません。完全に行ってしまうのは贈与で、つまり「あげた」ということで、貰った人はそれを自由に使えます。所有権は渡すが、その財産は郁夫の決めたとおりに使って欲しいというのが民事信託です。

そして、信託終了の場合に、その財産が郁夫（委託者）に戻るのか、戻らないで別の人に行くのかも決められるのです。「あげた」ようで実はあげていない、というのが信託の本質です。抽象論でいくら言っていてもしょうがないので具体的に考えましょう。

信託は欧米のもののように思われて、もちろんそこでは盛んに活用されているのですが、日本にも先例はあります。皆様ご存知の忠臣蔵です。

浅野内匠頭は江戸城内の刃傷により切腹、お家断絶となります。家老大石内蔵助は四十七士を引き連れ、艱難辛苦の末、吉良上野介を討ち果たします。この間、もし内匠頭から何事かを頼まれ、また浅野家の資金をいくばくかは受け、討ち入りを決行したならば、これは信託といえます。

この時は、内匠頭の弟の浅野大学は後に旗本となり、夫人の遥泉院は心安らかになったのだから、これらの人々をもし利益をもらう人（受益者）と考えるならば、これもまた信託と言う根拠です。委託者は浅野家、もちろん内蔵助が財産を渡され管理・処分を頼まれた人（受託者）です。

これは江戸時代ですが、現代でも分かりやすい信託の例があります。皆様ご存知の年金です。

企業年金というものを考えると分かりやすい。

従業員やその勤めている企業が金を出して、従業員の将来の退職に備えます。その金は信託銀行や、信託会社に信託の金として渡されます。信託銀行や信託会社が受託者です。退職してお金をもらう人が受益者です。どうしてこんなことをするのでしょうか。理由は簡単です。その勤めている企業が倒産しても信託の金は守られるのです。

自分で持っていては使ってしまうかもしれないし、また倒産したときは人に取られてしまう。そして、自分が死んだ後も、財産を単に相続するのではなく、一定の管理の仕方や使い方を指示したい。そこで他の人に渡して、もはや自分の財産ではないようにして、しかしながらその使い方をその渡した人に義務付ける。これが信託です。

そしてそういうことは、従来は依頼する人が信託銀行か信託会社にしか頼めなかったのを、今回の新しい信託法の制定で、依頼する人が、家族や、友人、信頼する専門家などに自由に頼めるようになりました。

誰かに頼むということと、財産がもはや自分のものではなくなった（表面は受託者のもの、実質は受益者のもの）と言う2点がポイントです。そういう意味で、従来からある委任やサブリース（所有権は自分が持っている）や贈与や会社設立（所有権は相手に行ってしまって、それでお仕舞い）とは大きく違います。

　こういう信託にもいろいろな活用法や、色々な論点があります。それらは、今後物語を進めながら一緒に考えて行きましょう。「受益者指定権」とか、「詐害信託取消権」などは、今後少しずつ説明してゆきます。

参考様式

※これは第1話に基づいた簡単な参考例です。実際には、ケースごとに更にいろいろな条件をつめる必要があります。

学費支援信託契約

秋元郁夫と坂本龍太は以下の信託契約を設定する。

（信託の設定）

第1条　委託者秋元郁夫（以下「委託者」と言う。）は、受託者坂本龍太（以下「受託者」と言う。）に対し、平成31年3月29日、第2条に記載する目的に従い、第3条記載の財産について、当該財産の管理、処分及びその他当該目的の達成の為に必要な行為を行うものとして信託し、受託者はこれを引き受けた。（以下「本信託」または「本信託契約」という。）。

（信託の目的）

第2条　本信託は第3条記載の財産を信託財産として管理運用及び処分を行い第7条記載の受益者両名の大学入学及在学中の学費の支援をすることを目的とする。

（信託財産）

第3条　本信託の信託財産は後記信託財産目録記載の金銭、金融資産とする。

（委託者）

第4条　本信託を委託する者の氏名及び住所は、次のとおりである。
住所　東京都中野区〇〇〇
氏名　秋元郁夫

（受託者）

第5条　本信託を受託する者の氏名及び住所は、次のとおりである。
住所　東京都中野区〇〇〇
氏名　坂本龍太

（信託の期間）

第6条　本信託は、本信託契約と同時に効力が生じ、次の事由によって終了する。
（1）　次条に定める指定された受益者が大学教育の修学が終了した時
（2）　次条に定める指定された受益者がいなくなった時
（3）　信託財産が無くなった時

（受益者及び受益権等）

第7条　本信託の当初受益者は委託者秋元郁夫とする。
2　秋元郁夫は受益者指定権および受益者変更権を持つ。
3　秋元郁夫の受益者指定権および受益者変更権は以下の者を対象として行使される。
（1）　住所　東京都大田区〇〇〇

氏名　岩井咲子

(2) 住所　東京都大田区○○○

氏名　岩井香奈

4　秋元郁夫は前項の両名がそれぞれ大学に入学した時にそれぞれを受益者として指定する。

5　秋元郁夫が死亡した時または受益者指定権および受益者変更権を行使することができなくなった時は、坂本龍太が受益者指定権および受益者変更権を持つ。

（信託財産の管理・運用）

第8条　受託者は、金銭等金融資産につき、信託に必要な名義変更または受託者名義の信託専用口座への移動を行う。

2　受託者は秋元郁夫が受益者指定権あるいは受益者変更権を行使して受益者を指定等した場合は、その受益者の大学入学費用および授業料について、毎年受益者に送金する。

3　前項の場合、もし受益者に贈与税が発生する場合は、その金額を上乗せして交付する。

（継承）

第9条　受託者死亡または信託の事務を行う事が出来なくなったときは以下の者を受託者とする

住所　東京都大田区○○○

氏名　岩井京子

（信託終了の協議）

第10条　受託者は、本信託の信託目的の達成または信託事務の遂行が著しく困難となった場合には委託者と協議し合意の上本信託を終了させることができる。

（信託の終了）

第11条　本信託は、前条の場合のほか、以下の各号のいずれかに該当した時に終了する。

(1)　第6条に定める事由が発生したとき

(2) その他法定の終了事由に該当するとき

（清算受託者）

第12条　清算受託者として、信託終了時の受託者を指定する。

2　清算受託者は本信託条項及び信託法令に基づき事務手続きを行うものとする。

（残余信託財産の引渡し）

第13条　本信託が終了した場合の残余の信託財産は委託者に給付する。委託者死亡の場合はその相続人に帰属させる。

（報酬）

第14条　受託者及び清算受託者には、報酬を支給する。

信託財産目録

（1）金銭　５００万円　（金融機関名：○○銀行○○支店）

第2話

地震が怖い

——旧耐震ビルのかけひき——

①

井田誠は、リストラになった。

大学の文科系を出て、大手の機械メーカーに勤めていたのだが、10年間だった。

誠は、背丈は普通、眉毛が濃くて、その下の暗さを湛えた、何かに取り付かれたような目に見詰められると、多くの人はたじたじとなったものだ。32歳、独身である。

誠のリストラは、独特の理由からだった。

会社は別に景気が悪いわけではなかった。本社の営業で篠原課長の下にいた。

ここで新規の取引先の開拓の仕方で課長とはやり方が合わなかった。

誠は、対象先の調査を一生懸命にやって、そのあとで手紙を出すのだが、課長はそんなことより先に知人、友人の線で知り合いを探し、紹介してもらって、まず会えという。

誠は、自分の調査が不完全な内は行動を起こす気がしない。つまり頑固なのである。

同僚とも必ずしも調子が合わない。

誠は正しいと思うことをあくまで主張するので、人間関係によくある様な、表面はあることを言っているのだが、その本心は別の所にあって、喋っている人は、実は相手にもそのことを分かってほしいと思っているような、そういう会話は理解できなかった。だから深い所で人と付き合えなかった。

こういう人間なので、徐々に会社の中でも浮いた存在となり、結局課長からも「やめた方がいいんじゃないか」と言われてしまった。

真っ直ぐな性格なので、そんなことを言われてまで会社にいる必要はないと、ついに辞表を出してしまった。

2

誠の父親は技術者だった。大学の工学部を出て、化学系の会社に勤めていた。この父も一本気な性格で、実は誠のある種の部分はその遺伝ともいえる面もあった。父は誠が社会人になるころに亡くなってしまった。

父の父、つまり誠の祖父は、杉並辺りのかなり大きめの地主だった。

井田家と言えば井草辺りでは有名だった。

江戸時代以来の家だった。祖父は、そもそもは誠の父親に地主業を継いでもらいたかったのだが、父親はそういうことには全く関心を示さず、本心は地主業をつまらない仕事だと思っていた。

このことは祖父の怒りを買った。

結局祖父は、その不動産のほとんどを二男の晴雄に譲って、地主業を継がせた。

晴雄は、頭は良いのだが誠の父の様に自然科学に興味を持つということはなかった。目の前の商売と金儲けに関心があった。祖父としては本来は長男に継がせたいのだけれどやむなしという所だった。

誠の父もそういう相続に対しては、たいして文句も言わず、一定の現金をもらっただけだった。

そもそも、それは日本の高度成長の初期の頃で、不動産というものの価値は、現在のようなものではなかった。

不動産というものに対する感覚は、実は誠は父とは違っていた。バブルなども見ているし、井田家の祖先の地主業にも思いを走らせるときもあり、何で父親は多少の不動産は確保しておかなかったのかと、内心は不満であった。

父の死後、何回かは叔父の晴雄にいくつかあるビルの一部を分けてくれと言いに行ったことはあったが、叔父からはにべもなく断られていた。

誠の母も、どちらかと言えば有力な家の出だったのだが、父の死後しばらくして亡くなってしまった。

そういう訳で、誠は天涯孤独、頼るべき人は叔父の晴雄だけだった。そして、叔父との関係は良くない。

③

気負いたって会社を辞めたのだけれども、落ち着いて考えると誠は参ってしまった。

辞めた方がいいなどと言われて会社にしがみついているのは誠の自尊心が許さなかったので、辞めたことは後悔していないのだけれども、その後現実に戻った。

現実はまず美子の方から来た。

美子は大学の後輩で誠が一時入っていた民間の都市住宅問題を考える会のサークルで知り合った。場合によったら結婚してもよいというぐらいに思いながら付き合っていたのだけれども、誠が会社を辞めたと聞いたとたんに態度が変わった。呼び出しても出てこない。ついに誠は思い余って、一度だけ会おうということにして新宿で落ち合った。

「どうして会ってくれないのか」

「だって・・・・」

彼女は誠が大企業の正社員だから付き合っていたのだった。

この先どうなるか分からない人に青春をかけるわけにはいかないのだ。

誠は現実を認めざるを得なかった。

誠は就職してからは、中央線の阿佐ヶ谷の駅のそばのアパートに住んでいた。駅の南側の青梅街道にぶつかる所に、叔父の井田ビルがあった。

4

誠は就職活動を開始することにした。

ネットで調べて履歴書を送り、面談に行く。

文科系出身で、資格は何もない。面接者は32歳になるという元営業マンに対して、本人の持っている隠されたセンスを掴もうとして、わざとあまり仕事に関係のないことを言って、その反応を見るのだが、誠には、そのポイントが分からなかった。

結局どこにも採用にならない。

誠は徐々に追い詰められて行った。ついに、アパートで夜考えるようになった。

「もう、死んだ方がいいかな」

何らかの現状打破は、誠といえども女であると思った。

阿佐ヶ谷駅の北側の、中杉街道を少し行ったところの左に入った所に「ゲイト」というクラブがあった。

誠は前に1回行ったことがあった。失業中とはいえ、有り金をかき集めて誠はゲイトに行った。

何らかの突破口を求めていた。

留美という店の女の子と親しくなった。飲みに行こうと留美を誘い、店の終わったあと1軒に行った。

だいぶ盛り上がったと誠は思い、ホテルに誘った。留美は来ると言う。ただし、お金はもらうと言う。誠は了解し、この飲み屋街の中にあるホテルに行った。

体が一つになった後、誠は自分の境遇を打ち明けた。

失業していること、なかなか当てがないこと。留美がこれらに対して同情的なので、誠は半分冗談のつもりでつい言ってしまった。

「一緒に死のうか！」

留美が逆上した。

「ふざけるんじゃないよ。

何を言っているんだ。

あたしは今十分に幸せなんだよ。

人間、それぞれが自分の一番得意なところで頑張って、生きて行けばよいのだ。

こういう職業でも、誰に迷惑をかけているわけじゃなし、あたしは楽しんでいるんだ。

黙って御託を聞いていてやれば、とんでもないことを言う。

お前は屑だよ。

何にもできなくて収入もない。

仕事がないんだ。人間のクズ。

そんなものはさっさと死んでしまえばいいんだ」

女はそう言って、バタンと扉を閉めて出て行ってしまった。

誠は一人、暗い室内で天井を見た。

5

翌日、誠は一日中アパートで考えた。

誠は今までいろんな人とぶつかってきたが、彼の立場はあくまで正統派で、理論家の立場だった。

そういう意味では、多少自分に自信を持っていた。

だから「クズ」と面と向かって言われたことは大変なショックだった。

「クズじゃない。負けてたまるか」と思った。

もう、何が何でも仕事が欲しかった。どうしたら良いかと一日中考えた。

⑥

突然叔父の井田晴雄から呼び出しを受けた。

井田家は、江戸時代からこの辺りに跋扈していた地主の子孫であって、本家は井草の辺りにいるのだが、彼の父親の時に分家して、今は青梅街道の阿佐ヶ谷近辺に不動産を持っている。

いくつかビルがあるのだが、井田ビルと冠したのが地下鉄の南阿佐ヶ谷駅のほとんど真上にあった。

8階建ての店舗や事務所が中心のビルで、JRの阿佐ヶ谷駅からも近いため、人通りが多く、賃借人を入れるのにはほとんど苦労はしなかった。

井田晴雄には一つの悩みがあった。

それは、地震に対するという意味でのビルの古さであった。

昭和56年以前に建築確認を取っているビルは、いわゆる旧耐震ビルと呼ばれ、地震に対してその後のビルよりは弱いものと思われていた。

井田ビルは昭和51年にできたものだった。

そこに東北の大震災が起きた。

実際には井田ビルは少し揺れただけだったが、これにより東京都の行政が変わった。

重要な幹線道路は東京都の特定緊急輸送道路と指定され、それに面しているビルで一定の高さ以上の旧耐震のものは、耐震診断とその結果による耐震改修が義務付けられた。

これは、東京に大震災が起こったとき、郊外と都心を結んで物資や緊急医療を運ばなくてはならないため、都心から郊外に延びている大きな道路はこの道路と位置付けられ、その道路が地震の際塞がれない為に、その道路に面した建物の耐震改修が義務付けられたものだ。

青梅街道は、勿論この道路である。

杉並区役所からもビルを見に来、そして耐震診断等を行うように言われているのだが、晴雄はまだ行動をしていなかった。

井田晴雄は現在75歳、体は元気なのだが、やれ耐震診断だ、そして耐震改修の工事だ、そして何よりもそれらをテナントに説明しなければならず、場合によってはテナントが出て行ってしまう。また資金もかかる。

そういう訳で、とてもじゃないがやれるわけがないというほどの気持だった。

しかしながらこれを放っておくことは重大な結果を意味した。

何度も区役所からは言われている、こういう状態のときに、もし東京都に大地震が来て、ビルが崩壊し、その結果死者などが出たら、これは全く晴雄の責任になってしまう。

昼間は沢山の人がビルの中で働いているし、通りの人通りも多い。

工作物の所有者の事故に対する責任は民法で決まっているのだが、これは無過失でも責任があるとされている。（民法717条）

しかしながら、晴雄の場合は、無過失どころではない。

何度も区役所から言われているのだ。万が一の地震が起き、ビルが崩れたらただでは済まない。

テナントに被害が出たり、通行人に死者などが出たら、場合によっては何億円もの損害賠償になり、全財産を失うだろう。

地震に対する保険というものもあるのだろうが、それは個別の交渉になるのだろう。さらには通行人に対する巨額の賠償をカバーできるのか、その点も晴雄は気になっているのだが、いつも気に病んでいるだけでまだ具体的な行動はしていなかった。

また、たとえ保険でカバーできたとしても、沢山の死者などが出た時は、それだけでは済まないことは、分かっていた。

そして、これらを考えたら、晴雄は夜も寝られないような気持になっていた。

7

何とかしなければと、晴雄は思った。

耐震診断等をしない以上はとにかく所有権を手放せばよいのだ。

売れば片が付くのだが、かなり安くしか売れないだろう。それよりも、やはり何らかの耐震診断や、耐震改修をして、人々に被害が出ないようにすることが必要な行動だと晴雄は思っていた。

また、できれば祖先のこともあり、二人の子供たちに継がせたかった。

しかしここで二人の子供たちに贈与すれば、贈与税がかかるし、それに一番肝心の責任の問題は二人にかかって行く。

どうしたものか、晴雄は考えた。

本屋に行って色々本を当たったり、インターネットで調べた。

民事信託、又は家族信託というものに目が行った。

売買という形ではなく誰かに渡して処理をさせ、不動産のメリットの一部は子供たちに行くようにすれば良いのだ。

そして、民事信託ならばそれができるということを掴んだ。

どうやら、売り渡す訳ではないが、形の上では所有権が誰か別な者に行き、その者は所有権者としての責任を取る。その物件のメリット即ち家賃収入等は更に別な者が取る。

そんなに事がうまく運ぶのだろうか。

8

専門家に相談しなくてはと、阿佐ヶ谷の駅のそばの司法書士のところに行ったが、彼は良く知らなかった。

「勉強しろと司法書士会から言ってくるんですが、時間がなくて。知り合いにこれを深く研究している者がいるから、彼を紹介しましょう。」と言って、同業の翠川を紹介してくれた。

翠川は、民事信託を色々な例をあげながら丁寧に説明してくれた。そしてこの後は、晴雄が具体的な所を自分で考えていくことになった。

まず、ビルを渡す相手を決めなければならない。

気の小さな者ではだめだろう。とにかくリスクがあるのだから。

晴雄は受けてくれる人に一定の信託の利権を渡すことにしていた。

信託の言葉でいうと「受益権」をもらうということだ。手早く耐震診断・耐震改修等の事務を処理し、そして一定の利益が欲しい者だ。

やはり一族が良いだろうと思うとすぐに誠のことが浮上した。

現に不動産が好きで、更に分けろとまで言ってきている。


ここで晴雄は信託のストラクチャーを考えた。

民事信託というものは、根本原理は所有権を人に渡して何かを頼むということなのだが、そこに色々なパターンを考えることができる。

自分の目的との関係で、単純な形から、複雑なものまで考えて選択すればよいのだ。

翠川は、法人を作って渡すことも言ったが、そこが何もしなければ、結局は解決しない。ましてや自分が理事や取締役になっていれば、無傷ということは、あり得ないだろう。

とにかく、具体的にある人に引受けてもらって、その人が耐震診断等をしなければならないのだ。

まず、もっとも単純な形を考えた。

誠と民事信託を契約し、不動産の所有権を移す。

受益権は10分の1を誠にやる。

残りの10分の9は自分で持っていよう。

期間は10年にする。

この誠にやる受益権は、10年間家賃の10分の1は彼が取れるということだ。

更に、信託終了の時残った財産を受け取る人を帰属権利者というのだが、これに誠が10分の1の権利を持つということにしよう。


晴雄はこうしようと思った。

耐震改修をやらせるのだし、また、実は祖先の財産を自分が一人占めにすることに対する微かな負い目もあった。

そして何よりも、10分の1にしてあれば、誠にかかる贈与税が少なくて済む。

＊＊＊

ここで読者の皆様に説明しますが、民事信託というのは面白いもので、表面は受託者の財産になっていますが、税当局の見方（税法の見方）もそれを受託者が持っているとは見ていない。

この財産は受益者の財産と見ている。

だから、民事信託が成立した時に、委託者つまりそれを作った人から受益者に財産が移ったとみる。

だから受益者に贈与税がかかる。

受益者の財産と税務上は見られているのに、何で損害賠償は受託者が払うのか。

ここが議論がありうるところですが、制度はそうなっています。

＊＊＊

そういう訳で、色々な民事信託では、まずは最初に信託を作った場合、受益者はそれを作った人、つまり委託者にしておきます。

そうすれば贈与税がかからない。

晴雄はそれが分かっているので、あえて10分の1という小さい金額を誠にやることにしました。

どうせ金はないだろうから、贈与税も払ってやるしかないと考えた。

残りの10分の9は自分が持っているのだから結局子供たちに行く。

誠は不動産をやってみたいのだし、まだ若く、テナントとの交渉も意欲があるのだから、了解するのではと晴雄は思った。

⑨

こういう背景があって、晴雄は誠を呼んだ。

民事信託を説明し、耐震診断等をやってほしいということ、また受益権の10分の1は渡すことを言った。

工作物の所有者責任については、ちょっと触れるだけで、余り説明はしなかった。

また、信託終了の際にも今回は10分の1はお前に行くと言った。

耐震改修で金がかかるときは、銀行との融資の交渉も好きなようにやってくれと言った。

この話を聞いたとき、誠は驚いた。

そもそもはケチな叔父である。

単純な美味い話の訳がない。

誠は、会社ではさんざん苦労して、更に昨今のリストラ話を経験して、多少は人の本心に思いが廻るようになってきた。

少し考えてすぐに分かった。

そうか、地震が怖いのだ。

誠は子供の頃テレビで見た、阪神淡路の大震災の場面を思い出した。

神戸でビルが倒れている。三宮の駅前では、のっぽのビルが大きな道路に横倒しになっていた。

倒壊住宅の下からは、人が助け出され、一方で膨大な人々が殺された。

冗談じゃないよ。こういうリスクを俺に取れと言うのか。


叔父に対する怒りの感情が昇ってきた。

阿佐ヶ谷で井田ビルが日中に倒壊すれば、大変な死者が出るだろう。

何でそのリスクを俺が取らねばならないのだ。

もちろん俺は破産するだろう。

しかし、こういう責任に関しては、ましてや明らかな旧耐震ビルで、行政から何度も注意されているようなビルの場合、自分の家族が殺された親・兄弟は、たとえ俺が破産と言ってもそれは許さないだろう。

一生死ぬまで責め続けるに違いない。

⑩

誠は少しデータを調べてみた。

現に、神戸の場合、構造の弱いビルのオーナーが、地震の後被害者の家族からの損害賠償請求で負けている。

冗談じゃないよと誠はまた思った。

普通の人たちはみんな楽しげに生きているのに、なんで俺だけにこんなとんでもない話が来るのだ。そして、そういう話しか来ないのだ。

「少し考えさせてください」と叔父に言った手前、一定の時期までに返事をしなければならなかった。

誠は数少ない友人の一人の山田を呼び出した。

阿佐ヶ谷で飲んだ。事情を説明し、お前ならどうすると聞いた。山田は言った。

「俺なら受けないね。大体もし直ぐにでも地震が来たらどうするんだよ。

お前は破産だ。

まして10分の1なんて少ない金で命をかけるのか。」

またまた誠はアパートで七転八倒した。

しかしそうして苦しんでいるうちに、誠はあることに気が付いた。今回の苦しみは前回のものとは違う。

今回は、具体的な形でやるべきことが提示されている。

「そうか、前進したんだ」と誠は思った。

「こうなったらもうどうなってもよい、やってみよう」と誠は思った。

11

叔父の所に出かけて行った。

「やります」

こうして井田ビルの民事信託が始まった。

名義が井田誠に移された。

「さっさと耐震診断をして、改修工事をすればよいのだろう」と、誠は思っていた。

不動産の民事信託の場合、通常のことは全部渡された人（受託者）の一存でできる。何といってもオーナーなのだから。

早速誠は知り合いをたどって建築事務所を探してもらい、耐震診断を頼み、その後、杉並区役所に行き、耐震診断の補助金の申請をした。

ほとんどは補助金で出るので、たいして金はかからない。数か月して結果は出てきた。もちろん良くない。

これで改修工事に進まねばならない。

改修工事が終われば、東京都より青いマークをもらって、耐震工事済とビルに表示できる。

これで賃借人（テナント）募集には有利になる。

この間、改修工事のことは賃借人に説明し、了解を貰わなければならないのだが、これは必要なことなので、誠意を尽くせば分かってくれるだろうと考えた。

不動産が好きなので、こういうことも不動産事業の大切な一環と考えて、自分を納得させた。


ここで問題が出てきた。

もちろん改修工事にも補助金が出るのだが、一部は信託で出さねばならない。

家賃が相当に入ってくるのだからそれは晴雄に渡さずにしばらくは貯めればよいのだが、目先はない。

どうするか。

金融機関から借りるしかない。

金融機関は通常は旧耐震ビルには金を貸さないのだが、耐震改修工事ということで金を貸してくれた。

誠には、初めて人生の足掛かりができてきた。

信託法3条　特定の者との間で、その特定の者に対し財産の譲渡、担保権の設定その他の財産の処分をする旨並びにその特定の者が一定の目的に従い財産の管理又は処分及びその他の当該目的の達成のために必要な行為をすべき旨の契約（信託契約）を締結する方法で信託はなされる。

民法717条　土地の工作物の設置又は保存に欠陥があることによって他人に損害が生じたときは、その工作物の占有者は、被害者に対してその損害を賠償する責任を負う。ただし、占有者が損害の発生を防止するのに必要な注意をしたときは、所有者がその損害を賠償しなければならない。

注　占有者というのは本件の場合テナントのことだが、本件の場合はテナントにビル倒壊の責任はない。

第3話

認知症対策

――受託者事故の場合――

認知症というのは恐ろしい病気で、本人も必ずしもそれと認識しないし、また周囲もそれを言い出しにくい。

1

波田道子は、西武新宿線の小平の地主の娘だった。父親の波田修平は元はといえば、この辺の農民だったが、駅近辺の急速な住宅地化の波に乗って、すでにいくつかのアパートを持っており、また駐車場にしている更地もあった。

道子は長女なのだけれども、上に二人の兄、耕一と修次がいた。

耕一は、都市化の波を体感しながら生きており、父親の土地をいかに生かすかに大いに関心を持っていた。

次男の修次は、これと正反対で、広告会社に勤めているが、絵を描くことが好きだった。

道子は、どちらかというと性格は修次に近かった。色白で小柄で、大きな目をしていた。じっと見つめられると、普通の男はどぎまぎしたものだ。道子は35歳、西荻窪にある女子大を卒業し、その時に関心を持った文化人類学を自分の背骨と考えていた。

広い文化人類学の分野の中でも、特に最近の地球環境問題に関心が集中していた。出版社に勤めているのだが、環境問題で行動をしなければと追いつめられているような気持を持っていた。

②

道子の行っている地球環境問題の研究会に、最近松本淳平という男が入ってきた。38歳で大手商社の会社員だった。背が高く、浅黒い色をしていて、落ち着いた感じがした。

彼は最近ヨーロッパで起きている少年・少女による環境劣化反対運動にも興味を持っていて、これを道子に教えた。道子はこういう動きと連絡を取ろうと考えだした。

淳平は理想を持つ人間で、自分の商社員としての仕事と、環境問題に対する取り組みをどう融合させられるかをいつも考えていた。

道子は、だんだん淳平に惹かれてきた。あるとき意を決して淳平を夕食に誘った。新宿で落ち合って、小田急デパートの上にあるレストラン街の中華料理に行った。紹興酒で乾杯し、食事が進んだ時に道子が言った。

「私、あなたといると楽しいんです」

淳平が答えた。

「僕も、本当はそうなんだよ」

道子は自分がどうして淳平に惹かれているか分かっていた。それは、道子の自分の家庭環境への気持ちの裏返しだった。父親も、長兄も不動産の事で頭が一杯だった。小平の、道子に言わせれば小さな土地のことで意識が占領されている。

世の中にはもっと、もっと考えるべきことがあるのではないか。

そういう人々と比べると、淳平は理想がある。だから淳平といると楽しい。道子は、何とかして、自分の家庭環境から脱却して、新しい世界、人間関係を作りたかった。

3

さて、父親の修平は78歳、旺盛な事業欲で生き抜いてきたが、最近少し物忘れがひどくなってきた。実際、人間70代の後半ともなると疲れてくるものだ。

耕一は土地活用を考えているのだが、同時に最近は少し父親の相続のことも考えるようになってきた。

まだ元気なのでそんなことは言いだせないが、しかし一方で様子を見ていると、認知症対策も必要だと思い始めていた。

耕一は色々とデータを集めているのだが、認知症というのは恐ろしい展開になると分かってきた。

今はまだ大丈夫だが、もし父親が認知症と判断されると、つまり医者の診断が下ると、もはや動きが取れなくなる。進行を遅くする薬はあると聞くが、それは医者の判断の後だから、動きが取れなくなった後の話だ。

実際、認知症状態というのは、現実的には司法書士が判断するのだが、そう見られると不動産関係の登記ができなくなるので、不動産を動かせなくなる。売れなくなり、買えなくなるのだ。耕一にとっては、これはとんでもない話だ。

そして、一方で耕一は相続のことも考えていた。

土地持ちの相続対策は、まずは銀行から金を借りて、上物を作り人に貸し、元の土地の評価を下げる。一方では借入が負債としてあるので、それで全体がうまく回って行けば相続税が一気に引き下げられる。小平の辺の駅の近辺ならこういうことも可能に見えた。

勿論認知症対策の方が重要なのだが、同時にこの借入も実現する手はないかと耕一は日夜考えていた。

4

郊外の地主の所には山のような色々なセミナーの案内が来る。その一つに行っていて、耕一は民事信託にぶつかった。

まだ世間ではあまりやられていないようだが、要するに父親と耕一が信託契約を結び、土地の所有権を耕一に移せば、その後は耕一が土地の表面的な所有者としてふるまえばよく、父親が認知症になってもその不動産を動かす点に関してはもはや関係がない。

そして更に当初の信託契約で決めて、信託成立後に、耕一が信託の受託者として父親の為に信託財産が負担する債務として銀行より金を借りれば、節税策も実現しそうだということが分かった。

この土地の所有権を移すときに、それからの利益をもらう人（受益者）を父親にしておけば、この移転に関しては、驚くべきことに、贈与税も譲渡税もかからないという。耕一にとっては信じられないような仕組みであった。

付近の農民たちがやっている、家族で会社を作り、そこに不動産を移すやり方よりも税金が全然違う。

そういう訳で耕一は、父親の説得を開始した。

「ふざけるなよ、おれは認知症じゃないぞ」

これが父親の反応だった。

「違うよ、成っちゃたらもうお終いなんだよ」

こういう会話が続いた。

道子はそういうことに関心がなかった。もちろん貰えるものがあればそれは欲しいが、そもそも自分の人生は、自分で切り開いていくべきものと考えていた。

そして、心はいつも淳平のところに行っていた。

兄の修次もそういうことに無関心だった。耕一は父親の説得の一環として、二人の弟妹の攻略を始めた。

言われてみれば、確かに父が認知症になって、不動産が動かせなくなったら困る。母親の政子もそのことは認識しだして、耕一に賛成した。結局道子と修次も賛成し、修平を納得させることになった。多勢に無勢、修平は渋々民事信託をすることを了承した。

5

民事信託の契約書は、駅前の司法書士の中川に作ってもらった。

これにより，3軒のアパートと駐車場の所有権が耕一に移った。

これからの収入をもらう人である受益者は修平なのだから贈与税はかからない。今後の不動産管理を任される耕一の立場を受託者というが、こういう契約を作るときには、万が一のことを考えて、後継の受託者も決めておく。

今回は、後継の受託者は修次にしたが、それは書類上のことだけで、修次がきちんと納得したわけではなかった。

更に、一般には信託終了の際の財産がその人のところに行く帰属権利者を決めなければならないのだが、今回は、修平の立場としては相続を決めたわけではなく、認知症対策なので、受益者にそのまま行くことにした。相続は色々なことを考えてこれから決めようと思っていた。

さあ、民事信託が始まった。耕一は張り切った。

そもそも腹の中に相続対策があるので、早速駐車場にアパートを建てることを検討しだした。駐車場の土地は駅から少し離れており、必ずしもアパートとして有利ではないのだが、耕一は相続のことで頭が一杯で、前向きに進めた。

こういう場合、この民事信託の受託者が耕一なので、耕一の判断で事はどんどん進められる。耕一としては、自分だけではなく、母や、二人の弟妹の為にもやってあげているつもりであった。

前にアパートを建てた地元の建設会社に新しいアパートの設計をしてもらった。

地元の信用金庫に交渉に行く。

信用金庫としては、土地代の入らない建物だけの融資なので、土地・建物に抵当権を設定すれば形の上では余力があるので、融資に応じてきた。

問題は、駅から少し離れたアパートにテナントが入るかということだが、耕一は押し切った。

⑥

さて、この件が一段落したところに、父親の修平に認知症の傾向が出てきた。今話していることと全然違ったことを突然言い出す。少し前に言ったことを覚えていない。そしてその傾向はだんだんひどくなってきた。

修平が受益者なので修平の口座に入ってくる家賃収入は、妻の政子がカードで金融機関から下ろせばよいので何とかなる。家族は、直接の支障があるわけではないので、あえて医者には連れてってない。

耕一は弟妹に言った。

「どうだ、信託をやって良かっただろう。俺には分かっていたんだ」


波田家の平穏な状態がしばらく続いた。しかしそれは長くは続かなかった。

耕一は用があるときは、車で青梅街道に出て、新宿のほうに走っていた。

6月の夕方だった。

耕一の走っている車に、反対車線の乗用車が正面からぶつかってきた。結構なスピードで走っているのでよける暇がなかったらしい。相手は、85歳の老人だった。意識が瞬間的になくなったらしい。耕一が死んでしまった。


大変なことになった。

耕一の妻百合江と政子の嘆きも半端なものではなかったが、嘆いてばかりはいられなかった。

財産のほとんどを今度できた信託に移してしまっているからだった。

こういう場合、信託法に規定がある。

まず、受託者死亡の場合は、新受託者が決まるまでは、亡くなった受託者の相続人（この場合は百合江）が一時的に事務を見る。（信託法60条第2項）

そして、新受託者が決まれば、その人が今後信託を見る。

もし1年間新受託者が決まらないときは、信託は終了する。

波田家の場合、これは重要なことを意味する。

つまり、信託の全財産が修平の所に戻るということである。

ところが、修平は、認知症が進行している。

不動産は動かせないし、金融機関との折衝もできないだろう。そのままではもはやまずいので、家族は法定後見人の選任を家庭裁判所に言わざるを得ないであろう。そして、その後は法定後見人の現状維持優先のやり方が待っている。

今回の場合は、幸いなことに、後継受託者は決めてあった。修次である。だから、ここで修次があっさり受託者になることを了承して信託を見れば、その後家族が財産をコントロールできる。

道子は色々な角度より考えて、修次が信託を引き継ぐと思っていた。ところが、修次は引き継がない。修次の言い分は以下のとおりであった。

「民事信託と言っても、その受益権は全部親父のものだ。

全部の収益は親父に行く。

この場合、将来自分が引き継ぐつもりでやっているなら、それなりにやりがいもある。実際耕一兄貴はそうだった。

ところが俺は、不動産には全く興味がない。

テナントを苦労して入れ、修理をし、管理をするなんてまっぴらだ。

俺には別にやるべきことがある。だからやらない」

7

こうして押し問答で時間がどんどん経って行った。
この間、道子は、淳平との付き合いが深まって行った。
淳平に転勤命令が出た。
アメリカである。
淳平が道子に言った。
「一緒にアメリカに行かないか」
道子は心が躍った。
道子の恋愛が進行していくときに、一方では家族の苦境も進行して行く。

受託者死亡の場合で、後継受託者が決まらないときは、新受託者を決める規定がある。この場合は、委託者と受益者で決めることになり、波田家の場合は、これが共に修平なので修平が決めることになる。（信託法62条）

ところが、今回はそれができそうもない。

新受託者選任の場合、それを不動産の登記簿に各不動産ごとに書き込むために、受託者変更の登記をしなければならないが、その申請手続を司法書士は受けたがらない。司法書士は本人の意思を確認しなければならないからである。どうしても決まらないときは裁判所に申し立てることはできるが、これは弁護士を使い、大ごとになる。時間はどんどん迫っていた。


道子は、自分がアメリカに行って、自分の新しい人生を切り開くことと、この家の状況を打破することとの間で苦しんだ。

淳平と行きたい、しかし家も何とかしなければならない。

毎日煩悶の日が続いた。

道子は理想に燃える淳平とのアメリカでの生活を想像していた。そしてその場合、子供もできているかもしれない。自分は、小平の小さな地主の生活から、新しい環境を切り開くのだ。場合によったら、その子供も、国際的な環境で、新しい何かをするかもしれない。そう考えると心が躍った。

しかしである。このまま自分がアメリカに行っていいものか。修次はあくまで受託者に成らないとがんばるだろう。そうすると信託が終了する。全財産が修平に戻る。修平は認知症だ。財産を動かせない。その場合、父や母はどうなっていくのだろう。生んでもらった両親を見捨てるわけにはいかない。道子は苦しみの淵に沈んだ。しかし、ついに決断した。その時、道子は涙が出て、止まらなかった。

そして道子はついに修次に言った。

「修次兄さん、とにかく受託者の申請はしてください。兄さんは何もしなくていい。不動産は私が全面的にサポートします。やりたくはないけど、しょうがないわ」

修次は了解し、後継受託者になった。

道子のアメリカ行きは遅れた。こういう重大なことで遅れたりしていると、何が起こるか分からない。

この後道子は、短期間で家の問題に方向性を出す決心である。

信託法60条　受託者の死亡によりその任務が終了した場合には、前受託者の相続人等は、新受託者等が決まるまで信託財産に属する財産の保管をしなければならない。

信託法62条　受託者死亡等により受託者の任務が終了した場合、信託契約の中で新受託者となるべきものとして指定されていたものが引き受けないときは委託者と受益者の合意により新受託者を選任することができる。

信託法163条　受託者が欠けた場合であって、新受託者が就任しない状態が1年間継続したとき、信託は終了する。

コメント

1　受託者死亡の場合には、一時的には信託財産はそれを代表する受託者がいないので法人とされる（信託法74条第1項）。そして、なかなか新受託者が決まらなく、しかし事務の必要があるときは、関係者は、裁判所に信託財産法人管理人の選任を申し立てることができる。（信託法74条第2項）

新受託者が就任したときは、この法人は成立しなかったものと見なされる。（信託法74条第3項）

2　しかし、新受託者が就任しない状態が1年間継続したときは、前掲１６３条により信託は終了する。

第4話

不動産
――受託者を監督する――

①

夕方になると貞子はいつも西の空をながめた。
夕陽が丹沢山塊に沈んで行き、その上の空を真っ赤に染めている。左側には大山の切り立った峰が青いシルエットを描いている。貞子はふうーと息をつき、ちょっとだけ幸せになった。そしてすぐに元に戻った。

東急田園都市線の長津田駅は元はといえば、この電車の終点だった。その後電車は中央林間まで延ばされ小田急と接続になった。

長津田も少し便利になった。里村マンションは駅から南に向かう広い通りを国道246号を横切った少し先に有った。30室程の中型マンションである。

里村貞子は、このマンションの運営を一人でやっていた。貞子は43歳、小柄で少し太っているが、色白の顔にある大きな目は、何か興味があるときは、爛々と輝き、また普段はちょっと物憂げで、愛くるしかった。会話の中にユウモアを入れることが得意で、話す相手を楽しませた。夕焼けの空を人と見ている時など「あ！空が落ちてくる」などと言って楽しませた。

②

貞子の父親もやはり青葉台の地主であったのだが、その持っているアパートだけでは生活して行くこともできないほどの規模だった。彼女は武蔵野の辺にある大学でインテリアを勉強し、この沿線の工務店に勤めていた。

里村美津男は、父親のこの里村マンションを相続したのだが、当初はマンションを改良しようと意気込んでいて、ある時、内装を貞子に任せた。それが縁で二人は付き合い始め、結婚した。

長男と長女が生まれ、それぞれ大学生と高校生で、もはや日常の手間はかからなくなった。

里村美津男は50歳、大学の文科系を出たのだが、本を読むのが好きだった。最初は貞子ともよく歴史や小説の話をした。貞子は夫に教えてもらったことが沢山あった。

夫の美津男は、初めはマンションの運営に燃えていたのだが、だんだんと関心が離れて行った。夫は、ここ数年、マンションの運営に関してはほとんど何もしなくなった。そして、最近は時間が有るのに乗っかって趣味で始めた中国古陶磁に没頭している。

田園都市線の長津田駅周辺は、バブルの頃までは、何かと可能性があるように思われ、事実居住者も増えてきたのだが、その後の日本経済の低迷や、また首都圏の人々の都心居住の流れなどが出てくると、むしろ渋谷からは少し遠いというほどの受け止め方がされるようになった。里村マンションはそういう中にあった。

3

貞子は徐々にマンションのことが任される時に本当はインテリアをもっと深めたかった。ちょっとした家具の色合いで部屋の雰囲気がガラリと変わる。素晴らしいことだと思っていた。

だから当初夫のマンションを手伝わされて運営しだした頃は、この仕事を素晴らしいものだと思っていた。室内の工夫はやり甲斐があった。実際に居住用の空間に対する考え方は、日本の中でもどんどん進歩し、間取りのとりかた、キッチンの配置、壁紙なども新しい考え方が出てきていた。

こうして貞子は夫がやらないのをむしろ奇貨として、マンションの運営に入って行ったのだが、一方で不動産経営の商売としての重圧は、どんどん重たくなってきた。

そして、貞子は疲れてきた。このマンションは築年数が古く、そこから来る水道や下水の不調、風呂の故障、エアコンの故障、そしてちょっとしたことによる賃借人からの苦情、これらが頻繁になってきた。それだけではなく、賃借人の退去の後の新しい人の募集、これは駅前の不動産屋に任せているのだが、昨今なかなか決まらない。

4

貞子は凝り性というか、色々な相談や苦情が来ても手を抜けない。

例えば水道の故障などの時、多くの場合はもう管が古くなっているので、各部屋の水道のメーターからの継手辺りが水漏れが始まったりするのだが、まずそれを見に行く、そして賃借人に謝って、そして水道屋につなぐ。部屋の外のメーターの部分だったらこれで直してもらえばよいのだが、もし部屋の内部の時などは部屋に入らなければならず、賃借人が独身で働いていたり、夫婦でも共働きの場合などは工事に立ち会ってもらえず、貞子が責任を持って工事を見なければならない。

30戸ともなると、こういうことが絶え間なく起こる。これは一例だが、更に募集のことも大変だ。

貞子はどうしたら良いか考えた。子供たちはそれぞれ自分のことで頭が一杯だ。こんなことを手伝わせることはできない。

聞くところによるとサブリースという手があるらしい。サブリース屋に全部任せてしまうのだ。

貞子は人を通じてその雰囲気を調べてみた。どうも古くて、駅から10分を少し超えるマンションに対しては、当初相当の工事を要求するらしい。

また、こちらに来る家賃も相当に下がる。管理を全部頼むという手もあるが、管理費がかかるし、修繕などの場合は、管理会社が選んだところに頼み、そしてその都度実費がかかる。おまけに通常だと空室のリスクはとらない。

5

もう嫌になった、売ってしまおうかとも考えたが、それは夫が了解しないだろう。そういう訳で思案に暮れていた。毎日、毎日つらいと思うと本当につらくなる。貞子はもう自分で自分をコントロールできなくなりそうだと感じていた。

田園都市線の駅でそばに青葉台がある。ここに田村という司法書士がいる。夫の相続の時にやってもらった人だ。その後不動産関係で分からないことがあると貞子はちょくちょく相談に行っていた。

田村は40歳、背は高くないのだが、客商売向きというか、目がいつも笑っていた。さっぱりしているのだが、貞子が何かを喋っている時は、いつもじっと貞子の目を見ながら聞いていた。

貞子は田村と会う時は、何か心が安らいだ。何か良い手がないかと、藁にもすがるような気持で、貞子は青葉台に行った。

「もう私どうにかなってしまいそう。辛いわ」と貞子は言った。

「奥さんもう少し頑張ってくださいよ。家族の人たちは、みんな奥さんに感謝していいるんですよ」と田村は励ました。

貞子はくたくたになりながらも、これが家族のための手段と信じて頑張った。

⑥

夫が今日は遅くなると言って出て行った。青磁の仲間と打ち合わせがあるそうだ。子供たちも遅いという。

貞子は久しぶりに渋谷に出ることにした。大きな街の雰囲気にのまれて、少し自分を忘れたかった。田園都市線から上がってきて、東急デパートの2階のJRの改札口の傍を通ろうとした時だった。

夫が改札口から出てきた。声をかけようと近づこうとした時、貞子ははっと息を呑んだ。20代の女性と一緒である。女性は明るい表情で、笑いながら夫と話していた。服装から見ても、会社員の雰囲気である。貞子はあわてて柱の陰に隠れた。夫と女性は真っ直ぐにマークシティのビルの中に入って行き、その中の飲食店街を進んで行った。貞子は20メートルぐらい離れて、気づかれないように付いて行った。二人は飲食店街を通り過ぎ、ビルを出て右に曲がり、道玄坂を横切った。その先は、円山町のホテル街である。貞子は、何か大きなものに倒されそうになるような気持で後を追った。二人は、円山町を少し入った所にあるホテルに消えて行った。

貞子は驚いた、もう言葉にならなかった。家に帰りたかった。家に帰って考えた。しかし情景がやたらに脳裏に再現されるだけで、心の落ち付けようがなかった。真夜中に夫が帰ってきた。貞子は夫と口をきくことができなかった。

7

翌日の夕方、貞子は青葉台に行った。田村に今後のマンション経営について聞くという表面の目的だが、田村に会っている時も、ほとんど仕事の話はできなかった。

事務所の応接セットで向かい合っている時、貞子は自分でも気が付かないうちに、手を伸ばして田村の手の上に置いた。

「ねえ、飲みに行かない」と貞子は言った。

「どうしたんですか」と田村は言ったが、了解だった。

事務所を片付け、青葉台の駅のそばの少し行った横町にある大きなカウンターのあるバーに入った。まだ時間が早いため、店内にはお客はいなかった。二人はカウンターに座った。貞子はビールをジョッキに2杯立て続けにあおった。田村はビールの後ウイスキーを飲んでいる。二人とも相当に酔った。貞子は自分が何を話したか覚えていなかった。

「別のところに行って休もうか」と田村が言った。

貞子は答えられなかった。黙って、またビールを注文した。

田村は、一つの義理として、女性が言いにくいことをあえて言ったのかもしれなかった。貞子が黙っているのを見て、田村は言った。

「奥さん、帰ります」

貞子は一人になった。突然涙があふれてきた。背を伸ばしているのだけど支えられそうにない。バーテンは気を利かして、遠くから眺めている。涙があふれ出てくる。「くやしい」と思ったが、何に対してかははっきりしなかった。

8

貞子はもうこのままではやってはいられなかった。できれば全部を人に任せて、と考えた。

貞子も地元の人間なので少し友達もいる。鷺沼にいる高校の時の同級生の武藤典子のところに行った。

「どうしたの貞」と典子が聞いた。

「もう疲れたの。マンションのこと全部人に任せてやってもらいたいの。あなた、何かいい手はない？」

「旦那さんは何と言っているの」

「もういいの。私の問題なのよ」

典子はちょっと考えているようだったが、やがて口を切った。

「最近年寄りが認知症などになって来るでしょう。その時になる前の対策として、家族の誰かに財産全部を渡してしまうというのがあるそうよ。相続でも、贈与でもないんだって」

「全部渡してしまうっていうのはどういうこと？」

「そこがよく分からないのよ。とにかく渡して、マンションなんか全部やってもらうんだって」

「分からないわね」

貞子は良く分からないけれども、典子の言ったことに興味を持った。田村に聞くことにした。田村は過日のことには触れなかった。

「どうしたんですか、奥さん」

貞子は典子から聞いた話をした。

「マンションの運営を全部知り合いに任せるという手があるの？」

田村は少し考えていたが言った。

「それは多分民事信託のことでしょうね。最近出て来たんですが、法律ができて、普通の誰でもできるようになったんですよ」

「できるって、何ができるの？」

「マンションの運営を引き受けて、その人が全部自分でやることですよ」

「そんなこと、今までだってできるわね。業者に頼めばいいんでしょ」

「そこですよ。親戚とか友人とか、専門家に頼んで名義を全部移してしまうんですよ」

「そんなことしたらあげたことになるじゃないの。何を言っているんですか」

「そこ、そこ、そこですよ。この場合はあげたことにならないんですよ」

「何の話。何を言っているのか分からないわ」

「マンションの名義を移すんだけど、そのメリットは元の渡した人とか、別の一族の人とかに渡さなければならないんですよ」

「何、それ」

「だからそういうことができるように法律が作られたんですよ」


貞子は、何のことか分からなかった。

田村が丁寧に説明した。

つまりマンションの名義を誰か決めた人に移して、不動産業は全部その人にやってもらう。家賃から費用を引いた部分を指定した人に毎月払ってもらえばよい。終了条件を決めておいて、そのときに旦那さんに戻るようにしておけばよい。

「そんなうまい話があるの？」

「あるんですよ」

「マンションが本当に戻るの？」

「その辺りをはっきりさせるために今度法律ができたんです」

貞子はショックを受けた。

「少し考えさせてください。頼む場合は、あなたが契約書などは作ってくれるのね」

「もちろんですよ。任せてください」

⑨

家に帰って貞子は考えた。一応田村が説明してくれたのだけど、貞子は本当は何が何だか分からなかった。

何を言っているのか。そもそも所有権を人に渡してしまうなんて。大体そんなことをしたら、一体今まで何のために頑張ってきたかは意味がなくなってしまうではないか。

貞子は1週間考えた。一方で、もうどうにもならず、そして今までの様にバカみたいに夫の為と思って尽くす気分がもはや薄らいだ自分に気が付いた。とにかく何かやらなくてはならない。貞子は典子や田村の言ったことを考えた。空想ではない、法律があるという。じわじわと信託をやる方に気持ちが動いてきた。それに、この場合は選ぶ相手さえ間違えなければ大丈夫そうだ。財産が戻るようにしてあれば、何とかなるのではないか。貞子は決心した。

夫に説明したがよく分からないようだった。然しマンションのことは貞子に任せているのだし、必ずしもとんでもない話のようにも思えなかったので貞子に任せると言った。

夫の了解をもらって、貞子はまた青葉台に行った。

「やってみますわ」

まず、頼む相手を決めてくれと田村に言われた。青葉台は長津田に比べると、断然ににぎやかだ。駅前の店の数が比較にならない。

貞子は少し落ち着いた雰囲気の喫茶店に行って考えた。

「誰にしようか」

まず、当然のことながら、その相手は信用できる人でなければならない。また、不動産業を頼むのだから、不動産のことが分かっていなければならない。そうするとやはり業者か。田村の話によると、そこは個人でも、法人でもよいということだ。

実はこの話を考え出した時から、貞子の中にあるイメージがあった。それは、この信託を田村に頼むということだった。


しかし、そんなにことがうまく運ぶだろうか。

夫の美津男には弟がいた。里村家は長津田では旧家の部類に入る。弟の敏男も長津田の駅から少し離れたところで不動産業をやっていた。親からもらった賃貸物件を管理しながらの不動産業である。

しかし、夫の美津男と敏男は馬が合わなかった。そもそも相続のときにもめたのも、それが一つの原因であった。

だから、貞子は今回の疲れ果ててきたときにも、敏男に頼ることはほとんど考えなかった。


敏男はNagatsuta Real Estateという会社で不動産業をやっていた。数人でやっている小さなものだった。

さて、民事信託をやるとしても、この受託者を決めるということは決定的に重要なことだ。いくら任せると言われても、これは夫に相談しないわけにはゆかないと貞子は思った。

「受託者を司法書士の田村さんにしたい。いろいろ不動産のことを教えてくれるの。信用はできるわ」

一発で夫の返事が来た。

「バカ言うなよ。不動産を他人に任せてどうなるのか。敏男しかいないじゃないか。あいつの所でやってもらえ」

自分の手を離れるということで、貞子の気持ちは回復してきた。そして夫に対しても、許せないという気持ちはあるが、自分は踏みとどまったということで、何とも言えない一つの自信になった。

こうなった以上、きちんと民事信託を実現し、敏男にやらせようと貞子は思うようになった。

⑩

数日後、貞子はNagatsuta Real Estateを訪ねた。彼らは自分たちのことを、今様にＮＲＥなどと言っている。

貞子が入って行くと「やあ、姉さん、本当に久しぶりですね」と敏男は大げさに言った。

敏男社長は民事信託のことは知らなかった。しかし貞子が田村から聞いていたとおりに説明すると少し分かったようだった。何よりも、所有権が移るということが、信じられないようだったが。

「やる、やる。今の世の中、新しいことに挑戦しなくてはだめですからね」敏男が言った。

何よりも、所有権が移ると聞いて、喜びを隠しきれない様子だった。

実は貞子はその様子を見て少し不安になった。しかし、もう船は動き出した。いまさら後戻りはできない。

早速田村に契約書〔第4話末尾参照〕を作ってもらうことになった。

信託の目的は、里村マンションを管理・運用して、里村美津男家の経済に資すること。
委託者は里村美津男、受託者は株式会社Nagatsuta Real Estate
家賃の送金等をもらう人である受益者は里村美津男
信託財産は里村マンション1棟の土地・建物
期間は10年間、信託終了の場合の残余財産の帰属権利者は里村美津男ここまでは深く考える余地もなくスムーズに決まったのだが、一つ難問が残った。それは『信託財産の管理・運用及び処分の方法』という項目であった。

ここでいう「処分」とは売却のことである。もしこの項目の中で処分してよいということを書かなければ、マンションをこの委託された人であるＮＲＥは売却できない。それは、不動産の売却の場合、普通は司法書士に登記申請を頼むのだが、信託物件を売却するときに、その基になる信託契約書に処分可能と書いてなければ、司法書士は売却を受けないからだ。

また、不動産で信託をするときは、こういう信託の条件は『信託目録』という形で登記簿に記載される。

だから、司法書士の所を通ってでも、登記所の登記官が売却の場合はこれをチェックするはずだから登記所を通らないという。そういう訳で、この処分可能という言葉を入れるかどうかは重大な問題なのである。

どうしたものか、貞子は考えた。

田村と相談する。何かの事情があって、急に売らなければならないかもしれない。また不動産の市場が大きく変化するかもしれない。どうしても欲しいという人が出てくるかも。そういうことを考えて、あまり、がんじがらめにしてもということで、処分可能を入れることにした。夫も了解した。

⑪

さあ、いよいよ不動産の民事信託が始まった。

登記は勿論田村事務所である。貞子は、ほっとした。少し不安はあるが、NREは美津男の弟の敏男がやっている会社である。馬が合わないと言っても弟である。何とかうまくやってくれるだろう。1年間は順調に過ぎた。NREはきちんと毎月家賃から必要な経費および信託報酬を引いたものを里村美津男家に送ってきた。

そして、異変が起きてしまった。

どうも里村マンションの賃借人が出て行った後、新賃借人の入居までに時間がかかるのである。

貞子は敏男に確かめた。

「なかなか新入居者が決まらないみたいね」

「そうなんですよ。景気も良くならないし、なかなか長津田までは人が来ないんですよ」

貞子は落ち着いて考えてみた。

敏男は相続で貰った小さなマンションを二つ持っていた。そしてＮＲＥは不動産業としてそれの管理もやっていた。そのうちの一つは長津田駅より13分という、里村マンションより条件の悪いものだった。念のため、貞子はそのマンションの様子を見に行った。何と、そこは満室だった。

貞子は田村に相談した。

田村は信託法の条文を良く知っていて、重要なことを貞子に教えてくれた。貞子はそれをメモして敏男に会った。貞子は言った。

「敏男さん、ご存知ですか。

新しい信託法では32条1項で『受託者は、受託者として有する権限に基づいて信託事務の処理としてすることができる行為であってこれをしないことが受益者の利益に反するものについては、これを固有財産又は受託者の利害関係人の計算でしてはならない。』となっています。（受託者の忠実義務）

あの敏男さんが持っているマンションに人を入れるのは受託者（ＮＲＥ）の利害関係人（敏男）の計算で何かをすることですね。

もちろんお宅様も事業をやられているのだから、そっちを面倒も見なければいけないのは分かります。

だから、何とか同じ割合で私どものマンションにも賃借人を入れていただけませんか」

敏男はバツの悪そうな顔をしていた。

里村マンションの賃借人事情は少し回復した。貞子は念のため、例の駅より13分のマンションの様子を見に行った。そこもやはり、里村美津男家のマンションと同じような割合で空室だった。

⑫

さて、ＮＲＥの社長の敏男は、なかなかのやり手だった。付き合いが多いので、色々な人が商談に来る。

ある人が来た。これをＤ氏としよう。Ｄ氏は長津田出身の不動産業者で、この辺のマンションを買いたがっていた。あるとき里村マンションを見て、すっかり気に入ってしまった。とにかく敷地が広いのである。Ｄ氏がＮＲＥに来て言った。

「敏男さん、御社が持っているあの駅の南側のマンションを売ってくれないか。すっかり気に入ってしまった。敷地も広いし。値段は頑張るよ」

ここで読者の皆さんは、信託というものの一つの面を理解してほしい。民事信託で里村マンションをNREに移した以上、第三者から見ればこれはNRE所有のマンションの様に見えるのである。この辺が信託の理解の一つの肝です。

敏男が貞子を訪ねてきた。

「里村マンションを売りませんか。本当のことをいうと、古いし設備もガタガタだ。こんな3億円などという金額で買いたいなどという話はめったに来るものではない。決めませんか」

貞子は夫に相談した。夫は本当は乗り気ではなかったが、一方でこのマンションの限界もうすうす気づいていたので了承した。

NREは里村マンションをDに売った。

契約は終わったが、実行は2か月後であった。この直後にDが再び敏男を訪れた。「青葉台に良いマンションを持っているのだが、これを3億円で譲りますよ。

青葉台ですよ。この方が全然得だよ」

敏男は商売人である。すぐに見に行ってその重厚なたたずまいに一目で気に入った。間取りもレントロールも満足いくものだった。長津田よりも青葉台の方が全然良い。

「すぐ契約しよう」とDに言った。

もちろん司法書士はNREの使っている所で田村事務所ではない。

この契約も成立し、実行日は里村マンションと合わせた。これは信託とは関係のない、全くのNREの商売である。

やがて、実行日が来て取引が実行された。

この場合、本来ならば、Dは3億円を信託財産の受託者としてのNREに支払い、一方でNREは3億円を自分の資金からDに払わなくてはならない。

しかし、資金の流れはそのように行われなかった。

NREとDは3億円を相殺した。

これは、表面的には、債権債務の関係が、NREとDだけであり、両方の債権が履行日が来ているから、そういう訳で相殺ができるのである。

これは実は信託法で禁じられている。（信託法22条）

それは、そういうことを許したら、信託の財産を誰か（第三者）に売り、その相手から受託者が自分の固有財産として物を買って、そして、それらの代金を相殺して行ったら、形の上でどんどん信託財産が受託者の固有財産の方に行ってしまうからだ。

しかし条件が入っています。

この第三者、つまり相殺の相手が、里村マンションが信託財産であることを知らなかった場合は有効に相殺が成立するということです。

実はこの件、Dは勿論物件が信託財産であることを知っていました。

Dは不動産業者です。物件を買う時は必ず登記簿を見ます。信託であることは一目瞭然です。

しかしＤはそんなことは気にしなかった。

登記簿にくっついている信託目録に「処分可能」と書いてあるので売買可能という点は問題ない。

そしてＮＲＥとの売買契約できちんとやれば、完全な所有権がＤに移るので何も心配することはない。相殺のことはあとから出て来たことであって、そんなことはＮＲＥ内部の問題なのだから、そっちでやってくれという気持ちです。

それに、相殺による取引無効があったとして、それは受益者である里村美津男が主張してくることだから、そんなことは様子を見ればよいと考えていた。

⑬

さあ、大変です。

里村マンションが売られたのは良いのですが、その金が信託の方に入っているようには見えません。別な不動産になって、それは全くの固有財産としてＮＲＥのものになったように見えます。

そもそも貞子は、誤解していました。里村マンションが売られたとき、その金が信託に入り、そこで信託が終了して、その金は美津男に戻る。そう思っていたのです。ところがそういう話が全く来ない。

貞子は怒って敏男に押しかけましたが、敏男は口を濁しているばかりです。

貞子は怒り狂いました。

馬が合わないと言っても弟だから、根本的な所では安心してマンションを渡した。それが売った後金が入ってこない。どこかに行ってしまった。こんなのはほとんど犯罪に近い、いや犯罪そのものだ。怒りの目つきで貞子は田村に相談しました。

「そんなことで、そんなに怒らなくてもいいんですよ。話しは簡単です。

ＮＲＥは固有財産所有者のＮＲＥとして、受託者としてのＮＲＥに対して３億円借りているんですよ。

ＮＲＥが青葉台のマンションを買うのは自由ですが、その金は、本来信託財産として信託に入るべき金から出ているから、事業者としてのＮＲＥは３億円を信託財産に返さなくてはいけないんですよ。

信託は終わっていなくて、今度は３億円の財産に変わったんですよ。固有財産所有者のＮＲＥと受託者としてのＮＲＥとの間で、金銭消費貸借契約書を作ってもらって、それをもらっておいた方がよいですよ」

田村にそう言われてみれば確かにそうだ。

貞子は少し落ちついてきた。今度は再び敏男に押しかけた。

「敏男さん、売買のことは、それはそれで結構です。そもそも私たちは里村マンションを売ったあと、その全てで別のものを買う予定でした。

こうなった以上、すぐにでも３億円ぐらいで信託財産の為によいマンションを買ってください」

「分かりました」と敏男は答えた。と言うか、そう答えざるを得なかった。

14

Ｄの知り合いにＫという者がいた。Ｋは長津田にマンションを持っていた。

「良い物件ですよ」と言ってＮＲＥに売り込みに来た。

敏男はそれが気に入って欲しくなった。上手く買えば、またＤに売れるかもしれない。

今度は、会社のたくわえをほとんど出して、ＮＲＥはその物件を買った。里村美津男家のことは分かっていたが、それとは別だと考えていた。

さて貞子は色々と情報を集めるために、このところ意識的にＮＲＥの社員と親しくしていた。

その人から、貞子はＮＲＥが長津田に物件を買ったことを知った。

さあ、田村さんだ。

貞子は青葉台に行って、田村にそのことを言った。何か良い手があるのではと本能的に思っていたからだ。

田村が言った。

「良く情報を集めましたね。そのマンションを取れますよ」

その後の田村の説明によると、例の賃借人の時の条文〔信託法32条1項　受託者の忠実義務〕には続きがあって、受託者が信託財産の為になすべきことをしないで、それを自分の財産のためにしたときは、その対象を信託財産の方で取り上げることができるというものでした。（介入権　信託法32条4項）

貞子は大喜びでした。

早速敏男に押しかけ、田村の説明をもう一度説明し、敏男を追い詰めた。

敏男は了解せざるを得なかった。何故ならば、前回貞子からマンションを買うように言われていて、それを了承しているからだ。

敏男は、泣く泣く今回のマンションを信託の対象のマンションとした。

信託法30条　受託者は、受益者のため忠実に信託事務の処理その他の行為をしなければならない。

信託法32条1項　受託者は、受託者として有する権限に基づいて信託事務の処理としてすることができる行為であってこれをしないことが受益者の利益に反するものについては、これを固有財産又は受託者の利害関係人の計算でしてはならない。

信託法22条　受託者が自分の固有財産で支払うべき債務に対応する債権を持っている者は、その債権でもって、信託財産に属する債権に対応する自分の債務と相殺してはならない。ただし、当該第三者が信託財産のことを知らなかったときは、この限りではない。

信託法32条4項　受託者が前掲32条第1項の規定に反して取引をした場合、受益者はその取引を信託財産の為にされたものと見なすことができる。

注　税法　買換えの圧縮記帳　事業用不動産を売って、同金額で事業用不動産を買えば、一気に税額が小さくなる。この取り扱いは信託財産にも適用される。

コメント

1　相殺とは、例えば、ＡさんとＢさんが、それぞれお互いに100万円ずつの債権を持っていて、その期限が同じ日だったら、その期限の来た日にお互いの債権をチャラにすることができる。これを相殺といいます。

本件では、ＮＲＥとＤさんがお互いにマンションを買った代金3億円を持ち合っています。期限が同じなら一見相殺ができそうに見えますが、実はＮＲＥが持っている債権は信託財産の主体であるＮＲＥが持っているものであり、固有財産としてのＮＲＥが持っているものではありません。だから、本来は相殺ができない状態です。しかしながら、表面はＮＲＥとＤが債権を持ち合っているので勝手に相殺をしてしまったという話です。

2　信託とは、本当は委託者の財産である財産を受託者の名前で全て取り扱う仕組みです。だから、受託者は何でもできる。そこで受託者の力を制限する為にいろいろな仕組みが作られている。その一つが31条で、受託者は信託財産にある財産を自分の固有財産に移してはいけない。そして極め付けが32条で、受託者が信託財産のためにできることを自分の固有財産の為にしたときは、受益者はその取引を信託財産の為にしたと見做すことができます。これを介入権といいます。

　やや余談ですが、この場合、その取引の対象が不動産であると、その不動産は信託財産のものとなりますが、その不動産登記をするとき、本件では、ＮＲＥが購入し所有者となっている不動産を信託財産として登記することになります。介入権による信託の登記ということです。

　さあ、これで第４話は終わりです。

　皆様「民事信託」とは、どのようなものなのか、お分かりになったでしょうか。ここまで物語が進んだ段階で、もう一度落ち着いて考えて見ましょう。

「民事信託」は、何か特別なもののように思っている人がまだいるかもしれません。しかし、そんなことはないのです。

　第１話のコメントで大石内蔵助のことを書きましたが、よく見ると日本の歴史の中に

「民事信託」は、いくらでもあります。

軍事関係が分かりやすいですね。

古くは日本武尊の東征や坂上田村麻呂の東北遠征などもそうですが、一番分かりやすいのは源頼朝に命令された義経による平家追討でしょう。

頼朝は、鎌倉にやって来た義経に軍隊と資金を与えて平家追討を命じます。

義経は、自分の名前で軍隊を指示し、資金を使います。見事平家を滅亡させますが、そのあと頼朝との間に問題が生じます。

義経の権限外の行動やまた義経の解任です。この辺を考えて頼朝は遠征軍の中にも義経の監視役を送り込んでいます。ご存知梶原景時です。結局、義経は追討されて悲劇が起きます。

これは、まさに「民事信託」です。

頼朝が委託者であり受益者です。義経が受託者です。

そして「民事信託」の場合、受託者の権限がどこまでか、監視役はいるのか、解任はどうすべきか、その後の財産の帰属、分配はどうすべきかが直ちに課題として上がってくるのが分かります。これらをその状況を見ながら考えれば良いのです。
こういう例は、日本の歴史の中にまだまだあります。
つまり、「民事信託」は、決して分かりにくい話ではないのです。

参考様式

※これは第4話に基づいた簡単な参考例です。実際には、ケースごとに更にいろいろな条件をつめる必要があります

不動産管理処分信託契約

里村美津男と株式会社Nagatsuta　Real　Estateは以下の信託契約を設定する。

（信託の設定）

第1条　委託者里村美津男（以下「委託者」と言う。）は、受託者株式会社Nagatsuta　Real　Estate（以下「受託者」と言う。）に対し、平成31年4月15日、第2条に記載する目的に従い、第3条記載の財産について、当該財産の管理、処分及びその他当該目的の達成の為に必要な行為を行うものとして信託し、受託者はこれを引き受けた。（以下「本信託」または「本信託契約」という。）。

（信託の目的）

第2条　本信託は第3条記載の不動産を信託財産として管理運用を行い、第7条記載の受益者の幸福な生活及び福祉を確保することを目的とする。

（信託をする財産を特定するために必要な事項）

第3条　本信託の信託財産は後記信託財産目録記載の不動産とする。

（委託者）

第4条　本信託を委託する者の氏名及び住所は、次のとおりである。

住所　神奈川県横浜市緑区○○○

氏名　里村美津男.

（受託者）

第5条　本信託を受託する者の氏名及び住所は、次のとおりである。

住所　神奈川県横浜市緑区○○○

氏名　株式会社Nagatsuta　Real　Estate

（信託の期間）

第6条　本信託は、本信託契約と同時に効力が生じ、次の事由によって終了する。

（1）信託効力発生日より10年間

（2）信託財産が消滅したとき

（受益者）

第7条　本信託の受益者は、委託者里村美津男とする。

（不動産の引渡し）

第8条　委託者は受託者に対し、本信託の効力発生後すみやかに信託不動産を引き渡す。

2　公租公課の起算日は本信託効力発生日とし、信託不動産に係る収益、費用その他通常の不動産の譲渡等において清算すべき全ての項目に関

しては、本信託効力発生日をもって区分して清算するものとする。

（登記および信託の公示）

第９条　委託者および受託者は、信託不動産について、本信託効力発生後ただちに信託による所有権移転登記及び信託の登記を行う。

（不動産の管理運用）

第10条　受託者は信託不動産からの収益については、まず公租公課、信託不動産の修繕、保存、改良その他信託事務の処理に必要な支出に充当し、残額を受益者に対し銀行等の振込みにより給付する。

2　受託者は、本信託開始後すみやかに、信託財産目録を作成して受益者に交付する。

3　受託者は、本信託開始と同時に信託財産に関する帳簿、事務処理日誌を作成し受益者に対して以後6か月ごとに適宜の方法にて信託財産の内容等について報告する。

（不動産の処分等）

第11条　受託者は、特に必要があって信託不動産を売却処分する場合は、あらかじめ受益者に対し売却処分の必要性及び売却価格等を通知し、かつ受益者の同意を得るものとする。

（継承）

第12条　受託者が解散または倒産したとき、あるいは信託の事務を行う事が出来なくなったときは以下の者を受託者とする

住所　神奈川県横浜市緑区○○○

氏名　里村貞子.

（信託終了の協議）

第13条　受託者は、本信託の信託目的の達成または信託事務の遂行が著しく困難となった場合には委託者と協議し合意の上本信託を終了させることができる。

（信託の終了）

第14条　本信託は、前条の場合のほか、以下の各号のいずれかに該当した時に終了する。

(1)　第６条に定める事由が発生したとき

(2)　その他法定の終了事由に該当するとき

（清算受託者）

第15条　清算受託者として、信託終了時の受託者を指定する。

2　清算受託者は本信託条項及び信託法令に基づき事務手続きを行うものとする。

（残余信託財産の引渡し）

第16条　本信託が終了した場合の残余の信託財産は委託者に給付する。委託者

死亡の場合はその相続人に帰属させる。

（報酬）

第17条　受託者及び清算受託者には、報酬を支給する。

信託財産目録

第1　不動産

1　土地

所　在　：神奈川県横浜市緑区○○○

地　番　：○○○

地　目　：宅地

地　積　：○○○

2　建物

所　在　：神奈川県横浜市緑区○○○

家屋番号：○○○

種　類　：共同住宅

構　造　：鉄筋コンクリート造り3階建

床面積：1階　○○○

2階　○○○

3階　○○○

第5話

やるべきことをやって欲しい

――善管注意義務違反――

①

松田澄子は、渋谷駅の南口、国道246をまたいで渡った先の桜ヶ丘の坂道を上っていた。

坂の下の方では飲食関係の商店が増えていた。澄子は坂道を上がりながら、今度来るときは赤ん坊を抱きながら上がることを想像した。赤ん坊のすやすや眠る顔が頭に浮かんできて、何か、新しい人生が開けていくような心地になった。

澄子と兄の松田博之が持っているマンションは、この坂の上にあった。

小さな事業用賃貸のマンションで、実業家だった二人の父が先々の為と民事信託にしてくれているものだった。

受託者は博之で、兄妹は半分ずつの受益権を持っていた。父も母もなくなり、兄妹は二人で助け合わなければならない関係だった。

澄子は25歳、小柄できびきびした人間だった。目に潤いがあって優しそうな感じなのだがなかなか弁もたち、同時に自分の力で生きていこうという気持ちが強かった。

会計事務所に勤めているのだが、最近恋人ができた。税務の勉強会に出ているときに、参加してきた公認会計士の森田勇一だった。

勇一は30歳で背が高く、ゆったりした感じで、この関係はどちらかと言えば澄子の方から仕掛けた感じが強かった。

澄子は、桜ヶ丘の坂を上がって行って、久しぶりにマンションを見て、また兄に会おうとしていた。博之は、このマンションの一番上の5階にワンルームを確保していて、そこで作業をしていた。

作業！それはどんな作業なのか。小説を書こうとしていたのだ。博之は32歳、小柄で眉毛が太く、何となく芸術家の雰囲気があった。

澄子は一緒に食べようとケーキを買ってきて、エレベーターで5階に上がって行った。小さな部屋に入ると、博之はやはりパソコンに向かっていた。

「こんにちは。元気」

「まあな。」

「何を書いているの」

「恋愛ものもいいんだが、少しスリルのあるものを書こうと思っている」

こんなややワンパターンとも思える会話を交わして、澄子は部屋を見た。

やはり部屋は予想どおりだった。床の掃除がされている気配は全くなく、また奥のシンクの横の壁には、買ってきて食べた後の弁当の袋包みがうずたかく積み上げられていた。シンクを挟んだ反対側の壁の前は、ジュースの缶の小山があった。

「まあ、まあ」

そういって、澄子はどんどん片づけて行った。二人でケーキを食べ、澄子は帰ることにした。

「兄さん、頑張ってね」

そう言って、澄子は部屋を出た。

澄子は、心が満たされ幸せな気持ちになった。たった二人の兄妹だからだ。土曜日の午後の桜ヶ丘は、店にも少しずつ灯りがつき始め、次の舞台を用意しているようだった。

2

兄の博之は妹が来たことはほとんど意識していなかった。

頭の中は、今作っている作品で一杯である。大体約1時間か、1時間半パソコンに向かう。全力で考えて、疲れが出るので、東側の窓際にあるソファで横になる。1時間もうとうとすると、また元気が戻ってくる。またパソコンに向かう。ケーキのことはほとんど覚えていない。何回かこういう回転が続いたころには夜になる。

バルコニーに出た。

渋谷の夜景は綺麗である。元から賑やかなところに、駅の東側に新しい大きなビルが二つもできた。その隙間からヒカリエやクロスタワーも見える。

この時ふと下を見た　夜のとばりが忍び寄ってくる。

「恋をしていると、こういうところを見たら、吸い込まれるように落ちたいと思うのだろうな」と思った。

気分転換もかねて、博之は道玄坂の方に夕食を食べに行く。その後は色々である。師匠の田口から呼び出しがかかれば、飲みに行くし、ほかの仲間もいる。何もない時は、また部屋に戻り、パソコンに向かう。

③

ある日、澄子は勇一に会った。渋谷駅で落ち合って、センター街に入って行った。ステーキを食べ、酒を飲み、自然に円山町の方に足が向かっていった。

澄子は兄と会っている時には、面倒を見てあげているという感じなのだが、勇一との時はまるで違う。命と命がぶつかり合っている感じがする。時間の感覚がなくなる。

何度も会っているうちに、結局勇一の方から言いだした。

「結婚しよう」

澄子は嬉しかった。

澄子は徐々に生活設計を始めた。

会計事務所にはいつまで勤められるか分からない。自分には、自分の収入が必要だ。

それは、まずはマンションの収入だ。澄子は毎月30万円を博之から振り込んでもらっていた。マンションの家賃収入から経費を引いた半分だ。

これで何とかなるかと思った。

ある時、澄子は収入を勇一に言った。

「いやに少ないね！」

これが勇一の反応だった。

勇一は公認会計士である。色々な場所の家賃の水準は知っていた。

「渋谷のあの場所だよ。倍ぐらいあってもいいかもしれない」

澄子はショックを受けた。

今までそんなことは考えたことはなかった。兄は勿論信頼しているので、変なことはあるはずがない。

４

どういうことか。現地に行って確かめよう。

桜ヶ丘は何本か坂があるのだが、澄子が上がって行くのはいつもＪＲに近い方だった。一本西の道に行った。不動産屋が何軒かある。一軒に入って、店主に聞いた。

「丘の上のマンションなんですが、半分で毎月このぐらい貰っています」

「それは少ない。今はその周辺は、その１・５倍は最低行きますよ」

「どうしてなんですか？」

店主は、「あ、は、は」と口をあけて笑った。

「テナントは古いんでしょう」

「ええ、みんな信託になる前からの人たちで、20年以上です。便利がいいから変わらないですね」

「家賃を値上げしないからそうなるんですよ。渋谷は今大発展の中で、家賃もどんどん上がっているよ。全然値上げしなければ、それはテナントにとってはありがたい話だね」

5

澄子には理由が分かった。不動産を管理している博之は、自分の小説のことで頭の中が一杯で、家賃交渉などまるでしていないのだ。

澄子は勇一に相談した。

「こういうことって、どうなるの。だって兄さんは受託者で全部任されているのよ。私は黙っているしかないのかしら」

勇一は調べてみると言った。


勇一から電話がかかってきた。

色々分かってきたと言う。澄子は勇一とヒカリエのビルの十数階にある喫茶店で会うことになった。

「お兄さんの行動はまずいんだよ」

勇一はなるべく澄子を刺激しないように、柔らかく言った。

「どういうこと」

「信託で財産を受けるのを受託者というのだが、受託者は好き勝手にやっていいというものではないんだよ」

「だって、所有権が行っているんだから好きなようにやればいいんじゃないの?」

「違うんだ。信託の所有権は、本当の所有権じゃないんだ。

受益者つまりお兄さんと君だよ、そしてお兄さんは本人だからこの場合は君の為にベストを尽くさなければならない所有権なんだよ」

澄子はもう少し説明して欲しかった。

勇一が続ける。

「信託で財産を預かっている受託者は、受益者の為に、善良な管理者の注意でもって事務をしなければならないんだ。

この意味は、自分の財産に対するような注意ではなく、その仕事のプロとしての注意でやらなければならないということだよ。(信託法29条)

人から頼まれて、財産を預かる以上、それなりの心構えでやりなさいということだよ。

そして、不動産の賃貸を預かるときは、不動産の賃貸借契約にある貸主としての権利と義務をプロとして守らなければならないということなんだ。

不動産の賃貸借契約には、普通には、家賃は近傍類似の物件の家賃と比べて、その物件の家賃が少なすぎるときは、借り手と交渉できるということになっている。相当安いんだから、お兄さんは交渉しなければいけなかったんだよ」

⑥

澄子は勇一と別れ、恵比寿にある借りているマンションに帰って考えた。

澄子には、父親が作ってくれた民事信託の意味が分かってきた。

どうしたものかと考えた。

今となってはたった一人の肉親の兄である。そして、一生懸命に何かに没頭している兄も好きだ。自分にはないものを持っている。

まず、そんなことが兄に対して言い出せるだろうか。兄は両親が亡くなってからは、本当に親代わりとなって面倒を見てくれた。大学進学のサポートをしてくれたのも兄だ。そういう兄に非難する様なことが言えるのだろうか？

そしてこれは実質的には代わってくれということを言っているのだ。

（受託者は委託者がいなくなった後は簡単にはやめられない。しかし、この場合は父親が、『受託者は受益者の同意を得て辞任できる』と、当初の信託に書いておいてくれた。（信託法57条））

澄子の中には兄に対する思いが強くあった。

しかしである。自分は結婚する。生活をする。自分の資金も必要だ。このことを言いだすと、兄は怒るだろう。どうしようか。

澄子は何日も悩んだ。そして結論を出した。とにかく、ぶつかって行かねばならない。

7

澄子は博之に会うことにした。勇一にも一緒に来てもらうことにした。

二人は桜ヶ丘を上がって行き、マンションの中の博之の部屋に行った。

澄子はまず勇一を紹介し、結婚を考えていると言った。

「おめでとう」と博之は言って、うれしそうだった。

澄子は本題に切り込んだ。

「お兄さん、不動産の仕事をきちんとやってください。テナントの家賃を全然上げてないでしょう。付近は相当に上がっているのよ」
「何だそんなことか。俺にはそんなことをやっている暇がないんだ」
「だって、信託を任された受託者の義務なのよ」
博之の声が高まってきた。
「何でそんなことを気にするのか。
お前にはきちんと半分をやっているんだよ。俺は30万で十分なんだ。
家賃の値上げなど、テナントが抵抗するに決まっている。
そんな交渉は大変なんだ」
「私たち結婚するんです。
子供もできるかもしれない。生活費を確保しなければならないんです。
分かってください」
「小説を書くということは、ある意味子供を作るということなんだ。
作中の人物が、色々な条件を与えられて、自分で命を得て動き出すということなんだ。

読んでいる読者が作家の存在を忘れて、登場人物の中に命を感じるということなんだ。

そこまでやらなければ小説ではないんだ。だから、俺は俺で子供を作っているんだ」

「それはそうかもしれないけれども、私たちは現実の生活をしていかなければならないのよ。兄さん分かってください」

博之はしばらく考えていた。そして口を開いた。

「受託者はお前に代われないのか?」

澄子は受託者に成ることになった。

信託法29条　受託者は信託事務を処理するに当たっては、善良な管理者の注意をもってこれをしなければならない。

信託法57条
第1項　受託者は、委託者および受益者の同意を得て辞任することができる。

ただし、信託行為に別段の定めがあるときは、その定めるところによる。

第2項　委託者が現に存しない場合には、第1項本文の規定は、適用しない。

注　ただし書の意味は、信託行為に決めてあれば辞任できるということ。本件では、受託者の辞任又は交代は、信託契約に書いてあるからできる。

第6話

弔い合戦

——受託者の地位の獲得——

①

ＪＲの目黒駅は「目黒」という名前でありながら、目黒区にはない。

実は品川区である。また、その品川駅も品川区にはなく、港区である。

どうしてこんな風になっているのだろうと思いながら、恭子はいつも目黒駅から権之助坂を下って行った。

夫の木本正男が働いている木本リース商事はその先の目黒川を渡って少し目黒不動の方に行った、明治通り沿いにあった。

恭子は38歳、夫と結婚して15年になる。小柄で細面の恭子は賢そうに見えた。

しかし、目つきは落ち着いていて、人に何となく安心感を与えた。

恭子の父親は小岩で材木屋をやっていた。

恭子は兄と姉の下で、末っ子として育った。

家には大きな土間があって、外側からたくさんの材木がいつも立てかけられてあった。

大工や職人たちが出入りし、母親はその対応に追われていた。

恭子は小さいときから、仕事は家族全員でするものだという雰囲気に慣れていた。

友達の母親の紹介で正男と結婚した。恭子は最初会った時正男という人間がよく分からなかった。

人生にあまり意欲的ではないように見えるのだが、歴史や過去の大人物の話をするときは、瞳がキラキラ輝いた。

恭子は人とお付き合いするとき、ましてや男性とお付き合いするときは、その人の心の中のある確かな部分に触れたいと思っていた。

そこでの交流が共通部分になるからだ。

そういう訳で、正男のこの部分を理解したとき、正男を理解したと思った。そして結婚した。今は中学生の長女と小学生の長男がいる。

2

恭子は、生活には何の不満もなかったのだが、心の奥底に秘かな不安があった。

夫は仕事にはまじめに取り組んでいるのだが、必ずしも燃えていない。

本当の関心は、結婚のときに恭子が掴んでいたところだった。

歴史だ。

そもそもここに恭子の矛盾があった。

歴史などに燃えるということで夫の何かを掴み好きになったのだけれども、生活の現実はそれだけでは済まないということだ。

正男は自分の生まれ育った関東の、目黒区の同好者で作る歴史研究会にも参加しているし、休日にはよく自分一人で栃木県や千葉県にある室町時代や戦国時代の城跡を調査に行った。

千葉の木更津の傍にある真里谷（まりやつ）城を見に行ったときなど、帰って

きて
「全く驚いたよ。真里谷城跡の名残りなど全然ないんだよ。ただ小山が残っているだけさ。若者のキャンプ場になっている」

と不満そうに言った。

恭子は結婚して以来家族での避暑地への旅行は毎年行くが、それ以外に特に旅行ということはしたことがなかった。

だから、数年前夫から「群馬の城を見に行こう」と言われたときは、それがどんな旅行なのかイメージが湧かなかった。

一泊ということで、子供たちはすぐ傍にいる正男の両親に預け、恭子が車を運転して出かけた。

高速道路を北上し、一気に群馬県の沼田の先まで行った。

「なこもも城を見よう」と夫が言った。

何だろうと城の案内を見せてもらうと「名胡桃城」と書いてある。

「それは、なぐるみよ」と恭子は言った。

車は山道に入り、城跡の入り口に着いた。

「さあ、なこもも城よ」と恭子が言った。

「分かったよ！」と夫は膨れて言った。


城は小さな山城だった。

しかし夫の説明によると、この城は重要らしい。

何でも、秀吉が日本を統一しようというとき、もう戦争はしてはいけないということで、総無事令というのを出したのだが、これを無視して小田原の北条氏がここを攻め、真田氏から奪い取ったらしい。

秀吉は怒って、日本全土を動員し、小田原を攻め北条氏を滅ぼし、完全な意味で日本を統一した。

そして、関東を家康に与えた。小さな山城で、とてもそんな重要な城には恭子には思えなかった。

その後、沼田城を観た。

南下して、子持（こもち）という所にある白井城（しろいじょう）にも行った。

ここは、名胡桃城よりもはるかに整備されておらず、道案内もほとんどなかった。利根川と吾妻川の合流点の断崖絶壁の上が城跡だった。ほとんど草ぼうぼうである。

その昔、上杉氏やその家老の長尾氏が関東の諸豪族と対峙するときは、この城に立てこもったものだ。

恭子はこんなものかと思ったが、夫は盛んに動き回り、崖を少し降りたりして写真を撮っている。

普段の仕事の時の表情とはまるで違う。生き生きとしている。恭子はそれを見ると、何故か幸せな気分になった。


その後、渋川から入って、伊香保温泉に向かった。

さすがに賑やかな湯治場である。

旅館に着いた後、町の中央にある伊香保神社を訪れた。

街の下から、三六五段の階段を上がって行く。

灯篭が明るく照らしている。

恭子がふうふう言いながら手すりにつかまって登って行くと、「本当に弱いんだから！」と言って、正男が後ろから押した。

その夜旅館に泊まった時、恭子は身も心も解放されて、正男と気持ちが一つになったのを感じた。


翌日は高崎の傍の、これも有名な箕輪城址を見て東京に帰った。

結婚後初めて二人だけで旅行をして、恭子は本当に楽しかった。また、こういう世界を夫の為に確保してあげたいと一方では思った。

③

木本リース商事は、目黒にあった。

JR目黒駅より坂を下りてきて、山手通りを越えて、目黒不動への参道の手前にあった。

建設機械を扱っていて、ここは事務所だが、機械の置場は埼玉県にあった。

当主の木本辰次郎は戦後裸一貫この道を突き進んできた。

ユンボ、クレーン、ブルドーザー等1000台以上を建設会社、土建会社に貸している。

お客はほとんど中小だが、辰次郎が1社、1社注意深く見ながらリースを展開してきた。

辰次郎には妻の博子と3人の子供がいた。

正男と幸男と麻子である。

正男は長男だが、少し甘く、リースなどという仕事に果たして向いているのか、辰次郎は疑問を感じていたが、何とかして力をつけさせたいと思っていた。

次男の幸男はやる気満々の子供だった。喧嘩も強く、辰次郎としては本当はこの子にリース業を引き継げばよいのかなどと思っていたが、母親の博子はどうしても正男の肩を持つので、辰次郎もその線でやるしかなかった。

麻子は小説が好きで、できれば物書きなどになりたいぐらいの夢を持っていて、リース事業などには全く興味がなかった。

辰次郎はこの事業をずーっと個人商店としてやってきて、今更会社にするのなどむしろマイナスぐらいに思っていた。

ここまで事業をやってきた賜物として、不動産もいくつか持っていた。

4

そういう訳で一応順調なのだが、辰次郎は最近少し疲れてきた。

まだ70歳そこそこなのだが、やはり今までの人生が厳しすぎたのかもしれない。そろそろ後継者が欲しいと考え始めていた。

辰次郎は毎朝目黒不動にお参りに行く。階段を上がって、雄大な寺院と向かい合うのは実に気持ちが良い。

このお参りの帰りに色々と考える。


ある時、ついに決心した。

正男にやらせよう。今までの個人商店のスタイルを保持して、しかし後継者に責任を持ってやらせるにはどうしたら良いか。

色々と知人にそれとなく聞いて、民事信託というものが浮かんできた。


木本リース商事という商号を使いながら、正男の責任でやらせる。

辰次郎と正男の間で民事信託の契約をすればよいのだ。

信託物件としては、1000台を超えるリース契約全部と、1棟の不動産にした。

受益者として、20分の1ずつを博子、正男、幸男、麻子に与えた。

自分では20分の16の受益権を保持した。

これは発生する贈与税を極小にするためこうしたのである。

また将来状況を見ながら色々と案配する為に、受益者指定権、受益者変更権を自分で持った。（信託法89条）

正男には自分の名前で銀行取引も開かせた。

新規のお客が来たときは、建設機械を購入することになり、必要に応じて銀行融資も使うことになる。

表面的には正男の個人事業の様に見えるが、裏には辰次郎がついていることはみんなが知っている。

それに、建設機械のリースというものは、お客にとっては機械が借りられれば良いので、リース元がどうだろうがあまり関係ない。

正男の事業が始まった。「しっかり相手を見るんだよ。信用できるかどうかが一番大事なんだから」と、辰次郎は教えた。

5

東京はいつでもにぎやかだ。

また、建設会社は、いつも必死で仕事を追っている。

木本リースの長男が仕事を始めたということで、辰次郎が変わったことで貸してもらえるかもしれないと、新規のお客がどんどん来た。

「木本さん、機械を貸してよ」と新規のお客が言う。

「そんなこと言ったって、この決算書では、大体今度の仕事の終わりまで会社が持つか分からないじゃないか」と正男が言うと
「大丈夫だって。私は取引先を選んでいるし、また今回はこの現場にかけているから数字も持ち直すさ」と返された。

正男は断りきれず、また数字も伸ばしたいので疑問を抱きながらも貸した。商売というものは甘いものではない。ちょっとでも詰めていないところがあると、必ずそこから破綻が入ってくる。

この頃辰次郎に面倒なことが起きた。

S建設は昔からのお客だった。

社長の滝田の立ち回りがうまく、大手の下請けを巧みに廻し相当大規模に建設業をやっていた。

もちろん木本リースからはコンスタントに機械を借りるのだが、資金的には余裕があった。

滝田は辰次郎と馬が合った。

しょっちゅうやってきて色々なことを話す。

辰次郎はもとより相当の規模で事業をやっているのだが、資金的にいつも順調という訳ではない。

あるとき、滝田から金を借りた。残高的には減ったけれども、まだ一定の金額が残っていた。

辰次郎が長男と信託契約を結んだと聞いてやってきた。

「木本さん、大丈夫かい。

リース物件は全部正男君のところに行ったと聞いたよ。

当然お宅がやるのはあと二つのビル事業だけだよね。

信託と聞いたが、このあいだ司法書士と話していたら、そういう時には債権者はそういう信託を取り消すことができるという話なんだよ。

事前に相談でもしていてくれればまた話は別なんだけれども」

＊＊＊

読者の皆さんに説明すると、第1話で少し説明しましたが、これは信託の委託者（当初の設定者、このケースでは辰次郎）に対する債権者が、自分（債権者）にとって不利な形で委託者が別な者と信託契約を結ぶと、そのときは、その債権者はその信託を取り消すことができるという制度です。

実際には受託者に対して、その信託の取り消しを裁判所に請求するわけです。（信託法11条）

これはどういうことかというと、実は民事信託というものの構造と深くかかわりあっています。

民事信託というものは、それが正常に成立すると、元の委託者の財産が受託者に移ってしまいます。

もう委託者の財産ではないことになります。

そして多くの場合は対価なしで、つまりただで渡してしまうので、まさに委託者の財産がそれだけ減るわけです。

ここで、もし委託者に債権者がいれば、その債権者はそれだけ当てが減るわけです。

こんなことを勝手にやられてはかなわないので、債権者にはその信託を取り消す権利があります。

取り消すとどうなるかというと、移された財産は元の委託者のところに戻ります。そうすると、債権者は状況に応じてそれを差し押さえ競売に持っていくことができるわけです。

これを、詐害信託取消権と言います。滝田はそのことを言っています。

＊＊＊

辰次郎も少し信託法の勉強はしていた。

辰次郎はあわてた。

「いやいや、そんなつもりはなかったんだよ。

俺は何とかして、正男を一人前にしたいんだ。

厳しい局面に入れなければ、人間は成長しないからね」

「しかしそんなことをしていて、本当に大丈夫なのかね」

「大丈夫、私にはまだ不動産があるし、それに正男の所も利益を出しているようだしね。最終的には全体が大きくなるのさ」

滝田はそれ以上は言わなかった。

今までの付き合いもあるし、また辰次郎が自分の限界を感じてやったことだと理解したからだ。

⑥

辰次郎もここまで言った以上、本来はしょっちゅう正男の様子を見なければいけないのだろうが、必ずしもそうはしなかった。

一つは渡してほっとしたこともあるが、もう一つはやはり自分で苦労しなければ本当のことは掴めないのではないかと考えていたからだ。

最初の年は何事もなく過ぎ2年目に入った。

正男は頑張っていた。

しかし、この年に入って新規のお客2件が潰れてしまった。

リースというものは厳しいもので、表面は物を貸しているように見えるが、貸した相手が潰れたときはリース物件も取り戻せないことが良くあるし、またたとえ取り戻しても、そんな使い古しの機械がうまく次の借り手が見つかるとは限らない。

要するに本質は金融なのである。金貸しが形を変えてやっているのだ。

あるとき小さな先が、リース料金を払えなくなった。

この金の取り立てに行くときに、心配になり、恭子も付いて行った。

事務所はまだあったが、その扉を開けたとたんに、そこの奥さんが「来るんじゃないよ！」と言って、塩を正男にぶっかけた。

正男はそれ以上突っ込んで行けなかった。

１０００万円ばかり損失が出た。

「しっかり見ろと言ったじゃないか」

辰次郎は信託法を思い出した。第40条である。

「受託者（信託を受けた人、このケースでは正男）がその任務を怠ったことによって信託財産に損失が生じた場合、受益者は当該損失の塡補請求することができる。」となっている。また、そもそもこの条文の前提として、信託では受託者には善良なる管理者としての注意義務がある。（信託法29条）

これはどういうことかというと、受託者はプロとして任せられた場合は、プロとしての能力を発揮しなければならないということです。

これはある意味当たり前のことで、それをしなかった場合に任務を怠ったことになる。

「私は全力でやっていたんだ。任務を怠ったりしていない」と正男は主張した。

辰次郎が言う。

「何を言うか。しっかり見ろと言ったじゃないか。信用できるかどうかが一番だと言ったはずだ。

決算書ももちろん見るが、相手の裏側に回ってとことん情報を集めるのは当然の仕事だ。

お前は任務を怠ったんだ」

正男は言い返せなかった。

辰次郎はそれ以上言わなかった。自分で考えて努力しろという意味だった。

7

正男は今までにも増して必死にやった。

決算書は勿論見るが、しょっちゅうお客の所、特に新しいお客の所に立ち寄って様子を見た。

夜も10時まで仕事をした。

しかし正男は優しい性格で、リース料が払えなくなったお客から無理矢理取り立てることは、どうしても腰が引けた。

ある新規先がリース料の支払いが延滞した。

正男はもたもたしていた。

「私が行って交渉してくるわ」と恭子は言って、その新規先に行った。恵比寿の駅のそばのビルの8階にあった。

部屋に入って行くと4、5人の作業服の男たちがいた。社長という人に恭子は言った。

「ユンボのリース料を払ってください。

4か月も溜まっています。

お支払いがなければ機械を引き上げることも考えます」

社長は言った。

「すぐには払えないんだよ。

機械を引き上げるなんて、奥さんよくも言ったたな。

そんなことをされれば、こちとらはおまんまの食い上げだ。

そのときは、こっちは何をするか分からないよ。

大体こんなところまで奥さんのような別嬪が一人で来るなんて、いい度胸だぜ」

社長はそう言って、傍の男たちに目で合図した。

3人の作業服が椅子から立ち上がり、恭子に詰め寄ってきた。

恭子は慌てて扉を開け、外に逃げた。

後で聞いたところによると、こういう建設現場で働く者の中にはムショ帰りも多いらしい。

恭子は帰って、今日の出来事を正男に言った。

「やめてくれ、そんなことは。

取り立ては俺が行くから」

と正男は言った。

8

それからは正男はますます忙しくなり、疲れてきた。

恭子はこのままでは何かが起こると感じていた。

そして、ついに事が起きてしまった。正男が心筋梗塞で倒れたのである。

そもそも正男はのんびりした性格で、こういう激務をすることと精神的なストレスで相当参っていた。

それがついに出てきてしまったのである。

病院に運ばれ、正男は息を引き取った。

さあ、大ごとである。

辰次郎は悔やんだが今更どうしようもない。

博子は、そもそも自分の強い希望なので、夫に当たることもできず、苦しみに沈んでいた。

そして恭子である。

恭子は、最初は、考える度に涙が出て、止めようがなかった。

そして恭子は我慢ができなかった。

恭子は、正男は仕事に殺されたと思った。

正男の無念さを思うと胸が張り裂けた。

しかしとにかく処理をしていかなければならない。

信託において、受託者死亡の場合は2つの道がある。

一つは信託を終了すること、もう一つは新受託者を選んで信託を継続することである。（信託法56条）

さりながら、目先の業務はやって行かねばならない。

これについても信託法に規定がある。

目先のこと、および新受託者を選ぶとしてそれまでの間は、亡くなった受託者の相続人がその任務を与えられる。（信託法60条）

恭子には当事者に成れる権利があった。

恭子はどちらかというとおとなしい正男を支えてきた面がある。

仕事の現場にも入っている。目先の事業の維持ぐらいはできる。

しかし、ここで重大なことを決めなければならない。

このリース事業としての民事信託を継続するのか、終了するのか。もし継続するとしたら、新受託者を選ばなくてはならない。

日をおかずして、辰次郎の所に一族が集まった。

まず信託をどうするか。今回は受託者の死亡なので、新受託者を選ばなくて1年間ほうっておくと、信託は終了する。（信託法163条）

こういう手もあるが、終了させる場合には、実際にはその前に委託者である辰次郎、受益者である博子、幸男、麻子、恭子の合意により終了させることができる。（信託法164条）

今回は、新たに相続により恭子が受益者として登場した。

麻子は信託の継続に反対だった。

こんな忙しいことを続けるよりも、ましてや死者まで出たこの仕事を続けるよりも、信託を終了して、財産を配ってくれた方が良い、そう思っていた。

他の4人は主戦論者である。

辰次郎はもとより、幸男はいうまでもなく、そして、恭子は何か正男の弔い合戦のような気持ちで信託の継続を主張した。

＊＊＊

ここでちょっとコメントしておこう。もし信託を終了したらどうなるか。

その時は、信託の清算プロセスに入り清算受託者を決め、まず信託で借りている金を返し、残った物について清算受託者が受益者に支払うべきものについては支払い、そして最後に残った残余財産は当初の信託契約で決められた帰属権利者に渡される。

もし、帰属権利者について何も決められていない場合は委託者に戻る。（信託法182条）

本件の場合、受益権の割合で残った財産を配ると当初決めていたら麻子に20分の1が来るが、何も決めていなければ来ない。

さて、信託を終了させるときは委託者と受益者の合意というのだが、その場合受益者の意思として受益者全員が終了の気持ちを持っていなければならない。

＊＊＊

多勢に無勢、麻子は抵抗しきれなかった。
次に新受託者を決めねばならない。
この場合も委託者と受益者の合意による。（信託法62条）
受益者の一人でも反対の場合は決まらない。
なりゆきは言うまでもなく、幸男を選ぶ方向に行った。
ここで恭子は猛烈に反対した。
正男の払った犠牲を考えると、どんなことがあっても自分がやらねばと思った。
一人一人に会って行った。
恭子の決意の前には誰もものが言えなかった。

恭子は事業を引き継いだ。新受託者となったのである。

信託法89条　受益者を指定し、又はこれを変更する権利を有する者の定めのある信託においては、受益者指定権等は、受託者に対する意思表示によってこれを行使する。

信託法11条　委託者がその債権者を害することを知って、信託を設定した場合は、債権者はその信託の取り消しを受託者に請求できる。この場合、受益者が債権者を害することを知らなかった場合は取り消すことはできない。

信託法29条　受託者は信託事務を処理するに当たっては、善良な管理者の注意をもってこれをしなければならない。

信託法40条　受託者がその任務を怠ったことにより信託財産に損失が生じた場合、受益者は当該損失の塡補を受託者に対して請求することができる。

信託法60条　受託者の死亡によりその任務が終了した場合には、前受託者の相続人等は、新受託者等が決まるまで信託財産に属する財産の保管をしなければならない。

信託法163条　受託者が欠けた場合であって、新受託者が就任しない状態が1年間継続した時、信託は終了する。

信託法164条　委託者および受益者は、いつでも、その合意により、信託を終了することができる。

信託法182条　信託行為に帰属権利者の指定に関する定めがない場合は、委託者を帰属権利者として指定する旨の定めがあったものと見なす。

信託法62条　委託者および受益者はその合意により新受託者を選任することができる。

第7話

相続

――後継ぎ遺贈型信託にするにしても――

1

立川秀雄は、うとうとしながら12年前の事務所の情景を思い出していた。

顧問先の溝の口電算が事務所に来た。

約1時間社長の話を聞いた後、秀雄はフーと大きな息をついた。妻の久子がコーヒーを入れてきた。

「お疲れ様」と久子は言った。

「ソフトを売って儲かっているんだよ。節税ばかり考えずに、少しは納税することも考えればいいんだ。しかし、俺の口からはそんなことは言えないからなぁ」

秀雄はもう疲れたという口調でそう言った。

「あの社長も苦労したのよ。助けてあげなさいよ」

2

立川秀雄は、川崎市で会計事務所をやっていた。

溝の口駅から少し南武線に沿って南側に行った、線路の傍にそのビルはあった。

秀雄は、税理士としてなかなかのもので、この辺の企業や農家の人々から信頼があった。

秀雄が事務所を開いてから、まさに日本の社会の大変動があった。

高度成長で東京に人口が集まり、人々は住宅地を求めて郊外に走った。

溝の口など、まさにその中心的な所である。この辺の農家はどんどん農業に見切りをつけ、農地を高く売ろうとする。

溝の口およびその先の田園都市線沿線は、東京の不動産開発業者が強く目を付けているところである。農家は単に税務だけではなく、そのトータルな交渉にも秀雄に入ってもらいたがった。

不動産を売るときは、一番信用のおける人に頼むものだ。そして、この地域の発展に合わせて中小企業もどんどん進出してきた。昨今流行のコンピューター関係も多い。

秀雄は、宅建（宅地建物取引士資格）も取り、別会社で不動産業もやっていた。金がどんどん貯まる。秀雄は、溝の口周辺で、実にアパート10棟も持ってしまった。また、会計事務所の入っているビルも秀雄のものである。

妻の久子とは、秀雄が溝の口に事務所を開いてから知り合った。

地元の人の紹介だった。

久子は中背でこじんまりした顔で優しい眼つきだった。争いを好まず、人の立場を何時も考えていた。

実際その時までの秀雄の成功に大きな貢献をしていた。

秀雄は武骨者だった。

人をおだてる様なことは余り言わない。脚色をしないのである。しかしながら、一旦引受けたことは必ずこなした。

こういう秀雄の性格は、一部の人からは非常に好まれた。

だがこの裏には久子の、秀雄とは異なったタイプの人間の支えがあった。

厳しいことを言われて顧問先が帰るとき、久子は必ず出口で見送った。

「大丈夫よ、何とかなるわよ。所長は考えているわ」

久子は、溝の口の商店街の人形屋の娘だった。

この辺りは、実は江戸時代からの街道だった。

江戸の人々が大山にお参りに行く。二子の渡しを通り、大山街道が続いていく。これが現在の国道246号線になった。

そういう訳で、ここは昔からの賑やかな商店街だった。

久子は、都内の短大を出て、店の手伝いをしているうちに、地元の写真館の奥さんが秀雄に取り持った。

秀雄は一目で久子が気に入った。やや細い顔の美人なのだけれど、目つきに優しさが漂っていた。

秀雄は、都内の教員の息子だったが、大学を出て金融機関に勤めているうちに、どうしても独立がしたくなり、税理士試験を受け、3年かかって合格した。

秀雄と久子は二人三脚で頑張った。

最初は勿論二人である。

富夫と佳子が生まれ、子供の面倒も見るため、女子事務員を一人雇った。それでも久子は、何とかして時間を見つけ、事務所の仕事も手伝った。こうして会計事務所はどんどん大きくなっていった。

秀雄は気にしていることがあった。

それは今迄一度も洋服やまして和服などは久子に買ってやったことがなかった

ということだ。

いつも悪いなと思っていたが、目先の仕事が忙しいことと、むしろそれよりも、そういうことは簡単に言い出すべきでないという武骨者の哲学が災いして、今迄は言い出せなかった。

③

成功してくると、色々な人が色々なことを言ってくる。ましてや、税理士ともなれば、地元の有名人である。地元の地主の一人が、選挙に出ないかと言ってきた。市会議員である。

この辺りの川崎市高津区選出の市会議員の一人が高齢で次の選挙は出ないという。その地主が取り持って、その議員の組織をある程度まとめられるという。

秀雄はどうしようかと迷った。

しかし、地方政治も経験して見たくなった。

質素な教員の息子だった秀雄は、新しい世界に興味を持った。

久子に相談した。

「あなたの本心はどうなの？」

「やってみたい」

「それならやったら。事務所の方は、私も頑張るわ」

このときに事務員は、もう10人になっていた。


やめる議員は保守系の議員だったので、秀雄も保守系の候補として立候補することになった。

その議員の後援会の幹部が、秀雄の後援会の会長になってくれた。彼は、秀雄を連れて、いくつかある商店会、商工会議所の幹部、ロータリークラブの幹部、ライオンズクラブの幹部に挨拶回りをした。

もちろんこういう人たちがすぐに秀雄を応援するわけではない。みんなそれぞれに他の保守系議員の組織にも入っているのだ。しかし、秀雄はその会う人たちの半分以上はもう知っていた。

「ややあ！」とか「ほう、やるんだってね！」という感じだった。

「ところで金はどうする。どうしてもかかるよ」と後援会長が言った。

「今まで頑張ってきたんだ。何とかなりますよ」秀雄は答えた。

告示の前に色々と準備をしなければならない。

まず、名目を付けて、幅広くはがきを出す。

次に候補者のポスターを用意する。写真館が忙しくなる。

そして告示の日に一斉に掲示板に貼れなければならない。

ここが一つの勝負になる。なぜなら、ポスターが準備できていなかったり、それよりもそれを貼る人間が動員されていない候補者は貼れないので、人々が見ていて、すぐに力がないと判断されてしまうのだ。

そして、そうやって動いてくれる者に対する謝礼も必要だ。この辺は、後援会長がそのノーハウと人脈をフルに出してくれた。

選挙戦が始まる。選挙カーが必要である。これに乗って、高津区内を隅々まで廻る。

スケジュールの中に駅前の街頭演説会も入れる。夜は、講演会である。一瞬ものんびりしている時間などない。

秀雄は全力でやっていたのだが、慣れないことと、緊張のあまり、ついにダウンしてしまった。

家で二、三日の静養ということになった。さあ、大変である。どうしたら良いのか。結局久子が代理で立つことになった。

二子新地、高津、溝の口、梶ヶ谷と田園都市線の駅がある。一方、久地、津田山、溝の口、武蔵新城は南武線の駅である。

やや曇りの日の朝、久子は高津の駅の前に立った。

「本日は、夫秀雄の代理で来ました。溝の口に開業して25年、全力で皆様と共にやってきました。

秀雄を市議会に送ってください。

皆様の声を伝えます」

白いワンピースでスゥーと立った久子は、まことに美しかった。

澄んだ声で訴えると、朝の通勤の人々が立ち止った。話しかける目の色の優雅さに人々の心は吸い込まれた。

久子は頑張った。秀雄が回復してきた。


投票日が来た。

高津区の9人の当選者のうち、秀雄はトップ当選だった。

秀雄は、結局2期議員をやった。

色々な委員会に出て、それなりに目的は達したのだが、ここらで辞めることにした。

市会議員というものが持っている目的の小ささ、気の使い方の細かさがどうも秀雄には合わなかった。

秀雄は悪い問題点は言って、行動で誠実さを示すタイプだから、合わない。

事務所に戻ると言うと、久子も職員たちも大歓迎だった。秀雄は再び水を得た魚の様に会計事務に取り組んだ。

４

４年が過ぎた。その年の夏だった。

事務所で突然久子が頭が痛いと言い出した。そして倒れた。

救急車で病院に行った。脳溢血だった。そして、死んでしまった。

葬儀は秀雄の色々な関係もあって、地元の寺院で盛大に行われたが、秀雄は人と面と向かって話せなかった。

「うわー」と心の中で思っていた。

余りにも寂しい、余りにも寂しい。今までの人生がどこかに飛んで行ってしまったようだった。

何をしても面白くない。

会計税務はもはや職員に任せきりになった。

鬱々とした気分で、秀雄は夜の溝の口の繁華街に行った。

溝の口という街は一見大きく広がっている様に見えるが、飲み屋は田園都市線の駅の西口の出口の辺りとその処より少し北でやはり田園都市線のガード下に沿った辺りに集中している。

特に西口は、戦後のバラックが発展してきたものでやや汚いが秀雄のお好みの一帯だった。秀雄は一軒の小料理屋に入った。

カウンターがずっと奥まで続いている、細長い店だった。

まだ5時なのでお客はいない。秀雄は、カウンターの真ん中ぐらいに座って、ビールを注文した。

ビールが出てきたが、秀雄はビールを取れなかった。

うわーと涙があふれてきた。止められない。ついに秀雄はカウンターに乗せた手の腕にうつ伏して、泣いた。

奥にいたおかみさんがカウンターの外に出てきた。

秀雄の横に座った。

秀雄は前にも1、2回この店に来たことがあり、おかみさんを知っていた。

そして、もちろんおかみさんは秀雄のことを知っている。何しろ少し前まで議員をやっていたのだから。

おかみさんは、久子が死んだことも知っていた。

おかみさんは黙って横に座っていた。

秀雄の涙は止まらなかった。

おかみさんは「悲しいわよね」と言った。

おかみさんの目にも涙が浮かんでいた。

5

秀雄はつらかった。

とても仕事どころではなかった。

家でボーとしていた後、夜は飲みに行った。何となく、件の小料理屋に行くことが多くなった。

秀雄の異変は家族にも分かった。

長男の富夫は、なかなか税理士試験に受からなかったが、秀雄の事務所で働いていた。

どうも様子がおかしいと、あるとき富夫は秀雄がそこに行かない時を狙って行ってみた。おかみさんは60歳ぐらいの清潔な感じの人だった。富夫が行って、

立川というと
「あら、先生のお坊ちゃん。いつもおうわさは聞いていますよ」と言った。
「どうせろくなうわさではないでしょう」
「富夫さんは真面目だと先生はいつも言っているわ」

富夫は実情を探った。

どうもこの女将、つまり今井敦子には二人の男の子がいるらしい。

調査も終わり、富夫はのんびりした気分になり、酔っ払った。

しかし、こののんびりした気分は長くは続かなかった。秀雄が結婚したいと言い出したのだ。

相手は、今井敦子。富夫は目の前が真っ暗になった。結婚してそのままだと、大変なことになる。

＊＊＊

読者の皆様は既にご存知のことと思いますが、日本の相続法では、財産の半分は法定相続では妻に行くことになっています。

そして通常の相続により財産が妻に行った後は、その人が亡くなったときは、その財産はその人の子供に行きます。

＊＊＊

つまり秀雄の財産の半分は、富夫たちの全く手の届かないところに行ってしまうのだ。

富夫の考えとしてはどうしても秀雄に納得してもらって、後継ぎ遺贈型の民事信託を作ってもらわねばならない。

つまり秀雄が亡くなったときに、その財産の半分は、今井敦子に行ってもよいのだが、それは民事信託の受益権として敦子に行くことにして、敦子死亡の場合には、その受益権は消滅し、新たに富夫たちに受益権が発生するように信託で決めてもらわなければならないのだ。

しかし、うまくいくだろうか。

勿論この場合は、新しい受益権を富夫がもらえる場合もあるし、そうでない場合もあるのだろうが、民事信託を引き受ける受託者も必要だ。

＊＊＊

そもそも民事信託には、基本的に受益者というものは委託者が自由に決めてよいものだという原理があります。（信託法89条）

また、信託契約で書いておけば、受益者指定権も特定の人に与えることができ、その人が一定の基準に従って自由に受益者を決めることができます。

つまり、根本的には受益者は、委託者等が自由に決めてよいものなのです。

このことを頭に入れておいてください。そうすると、信託法にいう、いわゆる後継ぎ遺贈型信託（信託法91条）という意味が分かってきます。

ここでは信託契約である受益者を決めたとしても、その受益者が死んだときには、その受益権は消滅し、その後さらに決められた別の受益者のもとに発生するとなっています。

つまり、信託契約で決めておくのですが、例えば秀雄のケースで、秀雄が今井敦子と結婚して、秀雄が亡くなった場合、敦子に大きな受益権を発生させるとしましょう。

その敦子が死んだときは、その大きな受益権は、例えば富夫や佳子に行くとか、秀雄の甥に行くとか、誰か孫に直接行くとか決められるというものです。

妻敦子に発生した受益権は、信託契約により発生したのであって、相続により発生したのではないと見做すわけです。

だから、敦子の二人の男の子はこれには相続を主張できません。それは、本質的には母親の財産ではないからです。

秀雄の死により妻敦子に受益権が発生するときに、例えば、それを全財産の2分の1としてあれば、相続の法定相続分は2分の1なので遺留分減殺請求権は、発生しないと考えられます。

最初、日本でこの後継ぎ遺贈型信託の条文が導入されたときは衝撃でした。

従来の民法で秀雄が生きている内には、贈与などである程度これを実現することはできましたが、秀雄が死んだ後の仕組みはありませんでした。遺言で誰かに渡しても、その先までは指定できませんでした。

＊＊＊

秀雄は、結局敦子と結婚した。

やはり、久子の死亡のショックが大きすぎて、とても一人では支えきれなかった。富夫は不安になり、事あるごとに全財産の２分の１で敦子の方に行く分について秀雄に民事信託を勧めた。

秀雄は、最初のうちは黙って聞いていたが、だんだん怒りがこみ上げてきた。亡くなった久子はそんなことにはまるで関心を示さなかったので、その落差の大きさが秀雄をいらだたせた。

「俺の作った財産だ。どうするかは俺が決める。金が欲しければ自分で努力しろ。人の財産にごちゃごちゃ言うな！」

敦子も財産目当てに結婚したのではなかった。

ましてや、夫の財産が二人の子供のところに行くことなど嬉しいことだと思わなかった。

いろいろ考えて、秀雄は後継ぎ遺贈型信託を作ることにした。

そして、秀雄が死に、敦子が死んだ後の受益権は、恵まれない学生向けの奨学金の原資にすることにした。

信託法89条　受益者を指定し、又はこれを変更する権利を有する者の定めのある信託においては、この受益者指定権は受託者に対する意思表示によってこれを行使する。

信託法91条　受益者の死亡により、当該受益者の有する受益権が消滅し、他の者が新たな受益権を取得する旨の定めのある信託は、当該信託がされたときから30年を経過した時以後に現に存する受益者が当該定めにより受益権を取得した場合であって、当該受益者が死亡するまで又は当該受益権が消滅するまでの間、その効力を有する。

あとがき

皆様、最後までお付き合いくださり、有難うございます。

さて、「民事信託」とは、既にお分かりになったように、お金とか財産の所有権を信頼できる人に渡して、その財産の使い方について何かを頼むことです。この場合、信頼されたその人は、その頼まれたことに関して、しっかりした能力を持っている必要があります。

ですから、その頼まれる事柄によって、またその頼まれる人の人柄によって、一つ一つのケースごとに、検討しなければならないことが違ってきます。単純に委託者がいて、受託者がいて、その間の権利関係がどうなるかということとは、全く次元が異なります。

源氏と平家の例えで書いたように、頼朝（委託者）と義経（受託者）の関係、義経の苦労と暴走、監視者の存在、大成功の時の受託者の高揚、受託者の解任方法、獲得財産の分配など色々な所で様々な可能性あるいは論点が出てきます。

今回は、主として民事信託設定の場合のケースを書きました。しかし、これもまだまだ多様な場合があります。これらを研究し深めていくことは関係者の大きな課題です。

また更にその先でどんなことが起こりうるのか、それに対する契約上の備え及び人的配置の準備は足りているかが重要な問題です。これらも同時に追求してゆかねばなりません。

こういうことを考えるとき、実は色々なケースがあるということから、必然的に要請されることは、具体的に考えなければならないということです。そこで物語から入って行く方法を採りました。

この本では、まず民事信託のイメージを掴んでいただくために、あるケースを想定した説明が中心になりました。法律上の詳しい論点の検討は、次の段階ということになります。

果たして、第一段階の目的は達したか、疑問の残るところではありますが、まずは民事信託の一つの捉え方として、皆様のお役に立てれば、これにまさる幸せはありません。
本書作成にあたって、司法書士の山北英仁氏、不動産業の高橋佐氏には適切なご示唆を頂きました。また仕事仲間の方々及び信託制度の勉強会の方々からも色々なアドバイスを頂きました。深く感謝しております。また、本書の出版でお世話になったプラチナ出版の今井社長、担当の高橋氏にはこの場を借りて御礼申し上げる次第です。

2019年（令和元年）6月

宮地忠継

【参考文献・資料】

能見善久　道垣内弘人 編「信託法セミナー 1」有斐閣　2013 年
能見善久　道垣内弘人 編「信託法セミナー 2」有斐閣　2014 年
能見善久　道垣内弘人 編「信託法セミナー 3」有斐閣　2015 年
能見善久　道垣内弘人 編「信託法セミナー 4」有斐閣　2016 年
新井　誠　大垣尚司 編著「民事信託の理論と実務」日本加除出版　2016 年
宮田浩志 著「相続・認知症で困らない　家族信託まるわかり読本」近代セールス社　2018 年
遠藤英嗣 著「新しい家族信託」日本加除出版 2016 年
Browne C Lewis 著　「The Law of Trusts」CALI eLangdell Press 2013 年

●著者紹介

宮地忠継（みやち・ただつぐ）

株式会社耶馬台コーポレーション　代表取締役。全国貸地貸家協会新聞編集長。昭和18年東京生まれ。東大法学部卒。三井銀行・国際金融部でレバレッジドリースを開発（保有者の節税を目的とした航空機リース）、ミサワ・バン（現ミサワホーム）に移り取締役就任。不動産業を始め、また、全国貸地貸家協会新聞を発行。この間 小説『迫る声』をアマゾン電子書籍で公表。民事信託をコンサルティングし、講演多数。

民事信託

2019年 8月 5日　初版発行

著　者　宮　地　忠　継
発行人　今　井　修
印　刷　ニシ工芸株式会社
発行所　プラチナ出版株式会社
〒160-0022　東京都中央区銀座1丁目13-1
ヒューリック銀座一丁目ビル7F
TEL 03-3561-0200　FAX 03-3562-8821
http://www.platinum-pub.co.jp
郵便振替　00170-6-767711（プラチナ出版株式会社）

落丁・乱丁はお取替え致します。
ISBN978-4-909357-43-4